Christof Heil

Der Zauber der Zypressen

Illustrierte Volksmärchen
7

Märchen der Inseln
2

Christof Heil

Der Zauber der Zypressen

Märchen und Mythen aus Mallorca

Illustrationen
Kerstin Maja

Edition Orient

Die Deutsche Bibliothek – CIP-Einheitsaufnahme

Heil, Christof:
Der Zauber der Zypressen : Märchen und Mythen
aus Mallorca / Christof Heil. Ill. Kerstin Maja. – Meerbusch:
Edition Orient, 1992
(Illustrierte Volksmärchen ; 7 : Märchen der Inseln ; 2)
ISBN 3-922825-50-8
NE: Illustrierte Volksmärchen / Märchen der Inseln

Umschlag: Kerstin Maja und Michael Sowa
Satz: Edition Orient
Druck: Fuldaer Verlagsanstalt
ISBN 3-922825-50-8

Inhalt

Mallorquinische Mitarbeit:
Josefina Saez-Ramirez

Textverarbeitung:
Andrea Heil

Vorwort

Die Menschen der Balearen besitzen einen unerschöpflichen Reichtum an Mythen und Legenden, spannend, voll geheimnisvoller Symbole und rätselhafter Phantasiebilder. In neuerer Zeit erzählte man sie sich als *Rondaies* – Rundgeschichten – meist abends rund um den Kamin herum. Bei besonderen Anlässen trugen *Glossadores* – Volkssänger – die Geschichten zur Gitarrenmusik vor. Dabei kam es häufig zum Wettstreit unter ihnen, wer die bessere oder lustigere Geschichte zu erzählen wußte. Solche mündlich überlieferten Märchen bilden die Grundlage zu dem vorliegenden Buch. Sie entstammen verschiedenen Zeitabschnitten und spiegeln die wechselnden Kultureinflüsse wider, denen die Balearen von Anbeginn ausgesetzt waren. Dennoch zieht sich ein Motiv durch fast alle Märchen hindurch: die Achtung vor der Natur. Es rächt sich die Rose, der man ein Blatt abknickt; Tiere, denen man hilft, werden zu Helfern; wer rücksichtslos und laut durch die Natur poltert, wird zu Stein, wer sich ihr rücksichtsvoll und leise nähert, bekommt die Prinzessin zur Frau …

Frauen spielen eine besonders große Rolle. In einigen Märchen sind sie die Prinzessinnen oder armen Mädchen, die ihren Prinzen finden; in anderen aber bestimmen sie das Geschehen, sind sie die Aktiven und die Heldinnen; und immer wieder diejenigen, die in Harmonie mit der Natur leben.

Exkurs in die Geschichte der Balearen

Bereits im antiken Griechenland berichtete man von einem Volk vor Gibraltar – den „Säulen des Herakles“ –, das auf ungewöhnliche Weise besonders geschickt und treffsicher Steine zu schleudern vermochte. Diese „wilden und rohen“ Insulaner nannte man die *Baliariden,* und ihren Inseln gab man den Namen *Balearen.* Noch heute zeugen Begriffe wie *Ballistik* oder *Ball* auch in unserem Sprachgebrauch von der besonderen Fertigkeit des *Steine-Schleuderns.*

Es gilt als gesichert, daß die Balearen bereits vor vielen tausend Jahren vom französischen Festland aus besiedelt wurden, und daß aufgrund der fruchtbaren Täler und des angenehm milden Klimas paradiesische Verhältnisse herrschten. Die ersten Bewohner der Inseln lebten in Höhlen und ernährten sich von wilden Früchten, von Ziegen, Schafen, Schweinen und Hundefleisch. Durch Timaios, einem zuverlässigen Chronisten der Antike, wissen wir, daß man sie als *gimnos,* nackte Wilde, bezeichnete, die, mit Schleuder und einem kurzen Wurfspieß bewaffnet, gefürchtete Gegner waren. Ein charakteristisches Wesensmerkmal dieser Inselbewohner, von denen im Laufe der Geschichte noch berühmte Seefahrer abstammen sollten, war ihre unendliche Liebe zum Meer.

Nach und nach verließen die Bewohner ihre Höhlen und bauten sich schiffsförmige Häuser aus Stein. So stoßen wir auf den Balearen vielerorts auf rätselhafte megalithische Bauwerke.

Das Meer und der Fels bestimmte das Leben der *Baliariden.*

Zahlreiche Münzfunde, Schmuck, Keramik und Gebrauchsgegenstände legen Zeugnis darüber ab, daß ab dem 8. Jahrhundert v. Chr. immer wieder griechische Schiffe die Inseln anliefen. Timaios, der griechische Chronist, berichtet, daß zu dieser Zeit auf Mallorca und Menorca etwa dreißigtausend Menschen lebten. Die Griechen unterhielten ausschließlich friedliche Handelsbeziehungen zu den Inselbewohnern.

Im 7. Jahrhundert v. Chr. begannen die Phönizier (Punier), ihre Machtposition bis auf die Balearen auszudehnen und errichteten dort feste Handelsstützpunkte. Sie entwickelten sich bald zur größten Seemacht des Mittelmeeres, deren Einflußbereich sich bis weit über den Mittelmeerraum hinaus ausdehnte. Der berühmte punische Feldherr Hannibal soll auf Ibiza geboren sein, sein Bruder Mago gab der Stadt Mahon auf Menorca ihren Namen. Die gefürchteten Steinschleuderer kämpften unter den punischen Feldherren Hamilka Barkas, Hasdrubal und Hannibal. Für ihre Kugelgeschosse verwendeten sie nicht nur runde Kieselsteine, sondern auch stachelige, eichelförmige Bleikugeln. Nach der Zerstörung Karthagos kamen die *Baliariden* durch Piraterie im Mittelmeerraum zu zweifelhaftem Ruhm.

Die mallorquinischen Piraten kaperten jedes vorbeifahrende Handelsschiff, wobei sie besonders den Handelsweg des römischen Weltreiches mit der neuen Provinz Hispania empfindlich störten. Im Jahre 123 v. Chr. entsandte der römische Senat eine starke Seeflotte unter dem Kommando von Quintus Cäcilius Metellus nach Mallorca. Er landete in der Bucht von Alcudia und eroberte von hier aus die gesamte Insel. Aus diesem Grund verlieh ihm das römische Imperium den Ehrennamen *Balearicus.* Nach und nach wurden Menorca, Ibiza und Formentera dem römischen Reich angegliedert, und Mallorca erhielt den offiziellen Namen *Balearis Major,* Menorca wurde zu *Balearis Minor.* Die römischen Kolonisten hinterließen ihre Spuren vor allem im Verwaltungssystem; aber sie bauten auch Straßen und kultivierten den Ackerbau. Weinbau, Salzgewinnung und römisches Handwerk zeugen noch heute von der einstigen römischen Herrschaft.

Später prägten die Mauren nachhaltig die Kultur der Inseln, die zu einem arabischen Flottenstützpunkt ausgebaut wurden. Die Mauren eroberten die Balearen „mit Feuer und Schwert", plünderten und nahmen Sklaven; vor allem aber gaben sie den Inseln die Kunst und Kultur der arabischen Welt. Sie entwickelten ein ausgeklügeltes Bewässerungssystem mit Wind- und Wasserrädern. Sie legten Terrassen, Obstplantagen und kunstvolle Gärten an. Wissenschaft, Musik, Handwerk und Literatur blühten auf.

Fünfhundert Jahre dauerte die maurische Herrschaft, bis die *Reconquista* – die christliche Wiedereroberung – unter König Jaime I die Inseln für Spanien gewann.

Christof Heil

Die Zeit der Steine

Am Tag, an dem es auf dem Felsen schneite, so erzählen die Steine, versank einst „Sa Roca“, der Felsen, in einer gewaltigen Flutwelle; Himmel und Meer vereinigten sich dort zu grau-schwarzem Meeresschaum, der es vermochte, das Feuer der Sonne zu löschen, dem Land seinen Platz zu rauben und dem Menschen die Erinnerung zu nehmen.

Doch es kam der Tag, da Himmel und Meer sich wieder trennten, die Sonne wärmer denn je ihre Kraft zurückgewann, und die Steine die Macht des tosenden Wassers brechen konnten. Seither ragt er aus dem Meer hervor, Sa Roca, der Felsen.

Manchmal vereinigen sich Himmel, Meer und Sonne in glühenden Farben am Horizont. In solchen Momenten erzählen die Steine davon, wie es war, bevor es auf dem Felsen schneite.

Geh zum Meer und lausche dem leisen, kaum hörbaren Rauschen der Steine.

Die Wasserträgerin

Am Tag bevor es auf dem Felsen schneite lebte der Bauer Gabriel allein auf seiner Finca* in der Ebene von Pollensa. Das Tal lag geschützt zwischen den Berghängen und besaß fruchtbaren, rotbraunen Ackerboden. Gabriel lebte gut von den Erträgen des Hofes, konnte es sich erlauben, jeden Abend bei Anbruch der Dämmerung ins Dorf zu gehen und dort zu essen und das eine oder andere Glas Wein zu trinken. Sein Tagwerk war allerdings mühselig gewesen, kostete es doch viel Anstrengung, die Felder des Gutes mit Wasser zu versorgen. Den halben Tag verbrachte er damit. Er band seinem Esel das kostbare Naß in zwei großen Fässern auf den Rücken, der es dann unter Zureden und Drohungen seines Herrn von der Quelle bis zur Finca beförderte.

Eines Morgens, er war erst spät in der Nacht zurückgekehrt, wachte Gabriel auf und bemerkte, daß alle Hausarbeiten, die bei einem Junggesellen oftmals liegen bleiben, bereits gemacht waren. Tassen und Teller waren gespült, die irdenen Krüge voll Wasser, das Haus gesäubert und die Tiere im Stall gefüttert. Zu seiner größten Überraschung hatte auch jemand die Felder bewässert.

Gabriel konnte sich das nicht erklären. So viel Sangria hatte er gestern doch gar nicht getrunken. Seinen Haustürschlüssel trug er immer bei sich, und daher konnte auch kein Fremder sein Haus betreten haben, einmal abgesehen davon, daß dieser sicherlich anderes im Sinn gehabt hätte, als seine Arbeit zu erledigen.

Diese merkwürdigen Dinge geschahen mehrere Tage hintereinander: immer, wenn Gabriel morgens die Augen öffnete, waren Haus- und Feldarbeit bereits getan.

Gabriel war sehr erfreut über diese tägliche wundersame Überraschung, doch stellte er sich jeden Morgen aufs neue die Frage, wer wohl dieser Wundertäter sein möge. Eines Abends – eigentlich hatte er vorgehabt, wie gewöhnlich ins Dorf zu gehen – beschloß er, sich zu verstecken und seinem geheimnisvollen Helfer aufzulauern. Es dauerte nur kurze Zeit, da vernahm er das schrille Pfeifen des Windes. Dann sah er und wollte kaum seinen Augen trauen, wie eine Frau mit hastigen und dennoch sehr langen Schritten über den Hof eilte. Ihr langes Haar wehte im Wind, und ihre Arme beschrieben kreisförmige Bewegungen; in den Händen hielt sie zwei mit Wasser gefüllte Eimer. So lief sie zum Feld, goß das Wasser auf die Pflanzen und verschwand. Kurz darauf kehrte sie zurück, wässerte die Pflanzen von neuem, verschwand, kehrte wieder – bis sie das ganze Feld reichlich bewässert hatte. Gabriel war starr vor Verwunderung. Nur zögernd verließ er sein schützendes Versteck und ging auf die seltsame Frau zu, die mit immer noch kreisenden Armen im Hof stand.

„Sage mir, bist du meine nächtliche Helferin, die mein Haus in Ordnung bringt und das Ackerland bewässert?"

„Ja", antwortete die Unbekannte, „ich bin die Wasserfrau ... Nur merke dir eins, Gabriel, niemals darfst du es von mir verlangen!"

Und genauso hastig wie sie gekommen war verließ sie den Hof, und der Wind verstummte.

Jahre vergingen, und die Wasserfrau trug Tag für Tag das kostbare Naß auf die Felder des Bauern und hielt seine Finca in Ordnung. Aber eines Tages brannte die Sonne heißer denn je, und obwohl die Wasserträgerin die Pflanzen begossen hatte, drohten sie zu vertrocknen. Also forderte Gabriel:

„Wasserfrau, hole mehr Wasser vom Brunnen, die Pflanzen verdorren!"

„Gabriel", sprach die Wasserfrau erzürnt, „du weißt doch, daß du es niemals verlangen darfst. Ich bringe dir Wasser, und du forderst sogar mehr als dir zusteht. Du hast meine Hilfe nicht verdient."

Daraufhin verschwand sie mit schwingenden Armen über die Berge und wurde nie wieder gesehen.

Gabriel war jedoch sehr schlau. Er dachte kurz nach, nahm die Steine seines Ackerlandes, die er wie alle Bauern auf einen großen Haufen getürmt hatte, damit sie beim Pflügen nicht störten, und baute in der Nähe der Quelle einen hohen, runden Turm. Dann zog er Gräben bis zu allen Pflanzen. Die Nachbarn munkelten indessen, daß er verrückt geworden sei, weil ihn seine gute Fee verlassen habe, und schüttelten nur die Köpfe. Gabriel hingegen ließ sich nicht beirren und befestigte ein großes Rad am höchsten Punkt des mächtigen Turmes. Kaum war es angebracht, wurde es vom Wind ergriffen und auf dieselbe Weise bewegt wie einst die Wasserfrau ihre Arme hatte kreisen lassen. So trieb das Windrad eine Kette von Eimern an, die das Wasser tief aus der Erde förderten und dann in die von Gabriel gezogenen Gräben kippte. Von nun an war es ein leichtes, die Felder zu bewässern!

Als die anderen Bauern dies sahen, bauten sie sogleich eigene Windräder, um auch ihre Felder mit dem kostbaren Wasser zu versorgen.

In der Ebene von Pollensa stehen noch heute viele dieser eindrucksvollen Windräder, bemalt in den schillerndsten Farben. Die Bauern tragen Sorge, daß mit dem wertvollen Naß sorgfältig umgegangen werde. Alljährlich treffen sie sich in einer großen Versammlung, dem Wassergericht, und teilen das Wasser gerecht unter sich auf.

Die Tochter der Sonne und des Mondes

Am Tag bevor es auf dem Felsen schneite gebar der Mond* eine Tochter, strahlend wie ihr Vater, die Sonne*, zauberhaft wie warme Vollmondnächte und lebhaft wie der zurrende Blitz.

Die Jahre vergingen, und Lunita wünschte sich nichts mehr, als den Vater bei Tag und die Mutter bei Nacht auf der langen Reise um die Erde zu begleiten. Eines Tages faßte sie sich ein Herz und fragte ihre Mutter:

„Mutter, ich möchte mit dir und Vater mitkommen, möchte scheinen wie ihr am Tag und in der Nacht und all die wunderbaren Dinge des blauen Planeten sehen, von denen ihr mir so oft erzählt habt.“

„Um des Sternenhimmels willen“, entgegnete Mutter Mond, „weißt du nicht, wie weit der Weg um die blaue Erdkugel ist, den ich an einem Tag zurücklegen muß? Nach höchstens vier Schritten wirst du erschöpft sein!“

„Hältst du mich etwa für schwächlich?“ entrüstete sich Lunita. „Ich bin kein Kind, wenn es um das Laufen geht, ich bin schließlich die Tochter der Sonne und des Mondes.“

„Das ist wahr, meine Kleine, aber du kannst niemals die notwendige Geschwindigkeit durchstehen“, meinte der Mond mit ungläubigem Kopfschütteln.

„Laß uns aufbrechen, und du wirst sehen“, erwiderte das Mädchen ohne langes Überlegen. „Ihr müßt nur meine Hand festhalten, und dann wird sich zeigen, ob ich euch folgen kann!“

Der vielen Worte müde, gab der Mond schließlich nach:

„Es ist genug, Kleine! Nimm meine Hand. Auf, wir gehen!“

Aber noch lange murmelte er vor sich hin: „Oh, was für ein Mädchen, welch eine Nacht!“

Sie stiegen an den Wolken vorbei hinauf bis zu den anderen Planeten. Die Erde wurde kleiner und kleiner. Hatte Lunita zu Beginn noch das Meer, die Strände, Wälder, Wiesen, Berge und Täler erkennen können, so sah sie jetzt nur noch eine blaue Kugel, die sich mit einer schnellen rotierenden Bewegung um sich selbst drehte. Das Mädchen war fasziniert und staunte auch über die Welt der glitzernden Sterne, der funkelnden Sternschnuppen, die von Zeit zu Zeit mit feurigem Schweif vorbeisausten, und über die vielen in den schönsten Farben schimmernden Planeten. Ein wenig Angst bereitete Lunita die pechschwarze Nacht, die diese Wunderwelt der leuchtenden Kugeln und Punkte umhüllte. Schritt für Schritt marschierte der Mond in seiner gewohnten Bahn.

Nach vielen Kilometern merkte man ihm nicht die geringste An-

strengung an, doch als er zurückblickte, sah er, daß Lunita erschöpft war.

„Wird dir schwindelig, meine Kleine, fühlst du dich unsicher?" fragte Mutter Mond besorgt und erkannte, daß die Tochter nicht mehr in der Lage war, den Weg rund um die Erde fortzusetzen. Anhalten oder gar umkehren war jedoch unmöglich, sollte der Rhythmus von Tag und Nacht, von Sonne und Mond nicht für immer gestört werden. Dunkle, grauschwarze Nebelschwaden hatten die beiden eingehüllt und zogen sie in die Tiefe. Lunitas Beine waren weich wie die Wolken, die sie umgaben, und sie wäre abgestürzt, wäre nicht in diesem Moment die Sonne am Horizont erschienen und hätte die gefährlich dunklen Wolken vertrieben.

„Du hast mich in schöne Schwierigkeiten gebracht, meine Tochter", rief der Mond verzweifelt in den anbrechenden Tag. „Nicht nur, daß sich heute Tag und Nacht verschoben haben, nein, wenn ich mich jetzt nicht spute, werden sich auch Ebbe und Flut, Sommer und Winter verändern. Ich muß dich hier auf der Erde am Rand des Wassers zurücklassen. Wenn du dich gut beträgst, wird es dir dort an nichts fehlen, denn dein Vater, die Sonne, wird dich am Tage und ich dich bei Nacht beschützen, und außerdem werden dich deine Vettern, die Sterne, niemals aus den Augen lassen."

Mit diesen Worten drehte sich der Mond um und wollte schon seinen Weg fortsetzen, als Lunita weinend einwandte:

„... aber wenn es bewölkt ist, und die Wolken euch die Sicht verdecken ..."

„Viele Wolken ziehen herbei und halten über dem Strand an. Von dort werden dein Vater und ich sie vertreiben. Sei also beruhigt, mein Kind, und sorge dich nicht; adios, wir sehen uns bald wieder."

Der Mond erhob sich vom Horizont, wo er sich niedergelassen

hatte, und stieg in gleichmäßigen Schritten hoch hinauf in den sternenübersäten Himmel.

Lunita blickte sich um und bemerkte, daß sie sich an einem weiten, einsamen Strand zwischen Bergen, Pinienwäldern und einem Hügel befand. Weiße Kieselsteine rauschten zart in der Brandung; Pinien wiegten sich sanft in dem leise pfeifenden Wind und gaben zwischen ihren federnden Bewegungen den Blick in eine sonnendurchflutete Lichtung frei. Lunita stand auf und ging den wärmenden Strahlen von Vater Sonne entgegen. Niemals verdeckten die Wolken das Gesicht der Sonne oder des Mondes ganz, und so zog es Lunita immer dorthin, wo das schützende Licht ihrer Eltern sie behütete. Hier am Ort der immerwährenden Helligkeit, zwischen bewaldeten Hügeln, schneebedeckten Bergen und grünen Tälern, wo der Duft der Blumen die Luft erfüllte und wo in weiter Ferne Meer und Himmel sich in tiefem Blau vereinten, hier hatten Sonne und Mond ein prächtiges Haus für ihre Tochter gebaut. Kein Gewitter bedrohte diesen Ort, und niemals stürmte das Meer. Der Gesang der Vögel und der Anblick der goldfarben glitzernden Fische erfreuten das Herz. Lunita aß von den wilden Früchten des Waldes und den kostbaren Meeresfrüchten und führte ein glückliches Leben wie man es sich nur erträumen konnte.

* * *

Eines Tages sollte der König des Meeres gegen seinen Willen verheiratet werden.

Lange vor unserer Zeit waren die Ozeane in einem einzigen großen Meer vereint. In ihm herrschte der König des Wassers. Er besaß die Macht über das Leben, denn nur wenn er dem Land das Wasser und den Menschen das Salz schenkte, konnte Leben bestehen.

El Acuario, wie man den König des Meeres nannte, flüchtete nun vor seinem Hofstaat auf eine der vielen Inseln, die sein Reich umschloß. Den Wassermann begeisterten die Hügel, Berge und Ebenen und all die bezaubernden Gerüche und Klänge. Er genoß es, die Küste entlang zu spazieren, während die Sonne seinen Körper wärmte und der warme Wind über seine Haut streifte.

Mit einem Male befand sich El Acuario an der Stelle, wo einst Sonne und Mond ihre Tochter zurückgelassen hatten. Die Pinien wiegten sich leicht im Meereswind, und die weißen Kiesel rauschten leise. Der König ließ seinen Blick die Küste entlangschweifen und erblickte das prächtige Haus Lunitas. Neugierig schritt er geradewegs darauf zu, wollte er doch wissen, wer an einem derart herrlichen Orte wohnte. Als er die Lichtung erreichte, sah er im Schatten des Hauses die Silhouette eines jungen Mädchens. Ihr blondes Haar glitzerte golden in der Abendsonne, und in der Hand hielt sie ein Spinnrad, mit dem sie einen goldenen Faden spann. Niemals zuvor hatte er ein Wesen von solcher Grazie und Anmut gesehen. Für einen Augenblick schienen die Vögel um ihn herum zu verstummen, denn seine Sinne waren gefangen vom goldenen Glanz des Haares.

„Kann ich euch etwas anbieten?“ fragte Lunita mit freundlichem Lächeln.

„Ja, gern, etwas frisches Wasser“, antwortete der Wassermann.

In der Nähe des Hauses gab es einen Brunnen mit marmornem Rand, auf dem ein silberner Becher stand.

„Becher, hol Wasser für den König!“ sprach das Mädchen. Und der Becher ließ sich in den Brunnen fallen, schöpfte Wasser und wählte zielstrebig den Weg in die Hand El Acuarios. Der genoß den kühlen Trank, und das Gefäß kehrte unverzüglich auf den Brunnenrand zurück.

„Habt ihr nach der anstrengenden Reise vielleicht auch Hunger?" fragte Lunita.

„Nein, danke, ihr seid sehr freundlich, aber ich bin nicht hungrig", entgegnete der König, noch immer geblendet von der Schönheit des Mädchens.

„Einen kleinen Bissen werdet ihr mir aber nicht abschlagen; zum Wasser gehören doch die Früchte der Erde. Mögt ihr gebratene Äpfel?"

„Ja, einen gebratenen Apfel", meinte der Wassermann endlich.

Und wiederum, ohne das Spinnen des goldenen Fadens zu unterbrechen, sagte sie:

„Kohlen legt euch in den Ofen!" Und die Kohlestücke sprangen sogleich aus dem Kohlekasten ins Feuer und riefen: „Herrin, es ist getan!"

„Jetzt, Schaufel, nimm die Glut und lege sie unter die Kohlen!" Und die Schaufel nahm die Glut, steckte sie unter die Holzkohle und rief: „Herrin, es ist getan!"

„Nun, Fächer, blase, bis die Glut die Kohle zum Brennen bringt!" Und kurz darauf brannte das Feuer.

„Äpfel, springt ins Feuer und werdet schön knusprig!" Und augenblicklich sprangen die Äpfel ins Feuer.

Kurze Zeit später, die Äpfel waren knusprig braun gebraten, legte sie Spinnrad und goldenen Faden beiseite und ging zu der leuchtenden Glut. Mit der bloßen Hand schob sie die glühenden Kohlestücke auseinander und nahm die herrlich duftenden Äpfel aus dem Feuer. Mit der anderen Hand strich sie die Glutstücke wieder zusammen. Nachdem sie sich die Hände gewaschen hatte, schälte sie die Äpfel, teilte sie auf einem Teller und reichte sie dem König. Der probierte sie zunächst mißtrauisch, waren Wasser und Feuer doch seit ewigen Zeiten die ärgsten Feinde. Aber sie schmeckten ihm großartig, und schnell hatten sie alle Äpfel aufgegessen.

Inzwischen war es spät geworden, und der König mußte in sein Reich zurückkehren. Auf der Heimreise zerbrach er sich den Kopf, wie ein so schönes Mädchen allein an diesem Strand leben konnte. Was hatte sie gesagt, als er nach ihrer Familie fragte:

„Meine Mutter ist weiß, und mein Vater ist blond,
und ich bin, die ich bin."

* * *

Ein Jahr später versammelten sich die Adligen der Meeresreiche im mittleren Meer, in dem ihr König, El Acuario, herrschte. Lange waren sie hier nicht mehr zusammengekommen, doch heute traten alle mit dem gleichen Anliegen vor den König und sprachen mit vereinter Stimme:

„Unser König, es ist ruhig geworden im mittleren Reich, wo einst das lebhafte Rauschen des Wassers von der Macht der vereinten Meere erzählte. Eure Majestät, wir denken, daß ihr endlich heiraten solltet. Was wird aus den Meeren, wenn ihr einmal sterbt und kein Nachfolger aus euren Wassern uns befiehlt, für uns Recht spricht und die Schwachen vor Dieben und Mördern schützt? Wer wird uns gegen unsere Feinde in den Stürmen vereinen und die Küsten unserer Meere mit der Kraft der Brandung schützen? Ihr müßt verstehen, daß wir zutiefst besorgt sind. Wir legen euch unsere Herzen zu Füßen und bitten euch zu heiraten, je schneller desto besser; ihr seid zwar noch jung, aber niemand weiß, wann er für immer ins ewige Meer eintaucht."

El Acuario war tief betroffen von den Sorgen seiner Untertanen, die er gut verstehen konnte.

Er dachte an Lunita, das junge Mädchen vom festen Land: „Sie ist jung, und keine hat mir jemals besser gefallen als sie; doch ich weiß nicht, woher sie kommt, wer sie ist und wo sie geboren wurde. Keiner weiß, wessen Tochter sie ist, nur: Ihre Mutter ist weiß, ihr Vater blond ... Sie ist das lieblichste, schönste und klügste Geschöpf, das ich je gesehen habe, voller Anmut und Grazie. Dennoch: ich kann sie nicht heiraten. Was werden meine Untertanen sagen, wenn ich eine Frau auswähle, deren Vater und Mutter nicht bekannt sind? Was würden mir die Adligen für ein stürmisches Getöse bereiten! Nein, es ist unmöglich, unmöglich; doch ich vermag an keine andere zu denken ..."

Der Wassermann brach auf, um Lunita wiederzusehen, und er schwamm zurück zu dem kleinen festen Land im mittleren Meer.

Du wirfst einen Blick zurück, und es öffnen sich alle alten Wunden.

Die weiße Meeresbrandung streichelte die Füße des Mädchens, das noch immer den goldenen Faden spann. Wie schön und grazil sie war!

„Mein König, ihr kommt ein zweites Mal!" sagte Lunita freudig überrascht. „Welch milden Meereswind ihr mitbringt, tretet näher und setzt euch!"

El Acuario rückte Lunitas Stuhl zurecht und setzte sich auf einen zweiten ihr gegenüber. Sie unterhielten sich angeregt, während Lunita ununterbrochen ihren goldenen Faden spann. In einem unaufmerksamen Augenblick jedoch zurrte die Spindel und sprang vom Spinnrad ins Meer. Der goldene Faden war durchtrennt.

„Schnell, mein Freund, jetzt müßt ihr mir helfen", rief die Tochter der Sonne und des Mondes und blieb ruhig auf ihrem Stuhl sitzen. „Befehlt dem Meer, daß es ruhig wird wie ein Spiegel, damit ich die Spindel wiederfinden kann!"

El Acuario sprach einige Worte, die Lunita nicht verstand, und langsam beruhigten sich die Wellen, verstummte das Rauschen der Brandung, und in der glatten Meeresoberfläche spiegelte sich der azurblaue Himmel.

„Messerchen, schneide mir die Hand ab, damit sie ins Meer taucht und mir geschwind die Spindel zurückholt“, befahl Lunita dem kleinen Messer, das auf dem Tisch lag. Kaum gesagt, kam das Messer herbei und schnitt ihr die Hand ab. Diese sprang mit einem hohen Satz ins Wasser und kehrte unverzüglich mit der Spindel zurück. Danach nahm sie ihren alten Platz am Arm wieder ein, und Lunita verknüpfte die beiden Enden des goldenen Fadens miteinander. Erstaunt beobachtete der König die seltsamen Vorgänge und fragte schließlich ein zweites Mal:

„Lunita, sag mir doch, zu welchem Volk du gehörst und wer deine Eltern sind!“

„Meine Mutter ist weiß, mein Vater ist blond,
ich werde nicht sagen, wessen Tochter ich bin,
doch ich bin, die ich bin.“

Dies waren die einzigen Worte, die Lunita auf die Fragen des Königs antwortete.

Als es Abend wurde tauchte El Acuario wieder in sein Reich hinab, ohne das Rätsel gelöst zu haben.

* * *

Wieder ein Jahr später baten die Adligen erneut um eine Audienz beim König:

„Herr des mittleren Reiches, wir kehren aus dem gleichen Grund zurück, der uns bereits vor einem Jahr hierher geführt hat. Das lebhafte Rauschen des Meeres ist noch immer verstummt, und wenn wir uns nicht wehren können, kommt die Zeit, da man das Reich der

Meere erobern wird. Bitte heiratet recht bald, denn Tod und Leben sind vereint im Meer der Ewigkeit, und eines Tages werdet auch ihr dort sein. Wer soll uns dann regieren, wer für alle Recht sprechen, wer hilft den Schwachen und wer schützt uns mit der Kraft der Brandung vor eindringenden Feinden? Wir bitten euch, Majestät, sucht euch eine Braut, damit das Volk und das Königreich nicht untergehen."

El Acuario berührten diese Worte schmerzlich, denn er wußte, daß seine Untertanen recht hatten. Das Bild des zauberhaften Mädchens erschien wieder vor seinen Augen, aber wie sollte er sie heiraten, ohne ihren Vater und ihre Mutter zu kennen? Alle würden sich gegen ihn auflehnen. Es gab also nur eine Möglichkeit: er mußte zum festen Land reisen und nicht eher zurückkehren, bis er das Rätsel des Mädchens gelöst hatte.

Wenig später tauchte El Acuario aus dem Meer auf und versteckte sich hinter einem Felsen nahe der Küste. Stunde um Stunde verging, ohne daß sich etwas rührte. Die Türen des prächtigen Hauses standen offen, und der Strand schien verlassen. Was war geschehen? Sich vorsichtig umschauend schlich der König von Fels zu Fels und huschte an das Haus heran. „Lunita ist doch nicht von anderen vertrieben worden oder gar gestorben?" sorgte sich der Wassermann. „Nein, es kann nicht sein, mein Herz sagt mir, daß sie lebt." Die Dämmerung brach herein, gefolgt von der Nacht ...

El Acuario mußte wohl eingeschlafen sein, denn als er die Augen öffnete, zog sich der feuchte Morgennebel gerade in das Reich des mittleren Meeres zurück. Des Nachts umgab er das feste Land und benetzte die Pflanzen mit süßem Wasser. Die Sonne schien jetzt kräftiger und hauchte den Tieren, Vögeln und Pflanzen ihre Lebenskraft ein. Da entdeckte der Wassermann Lunita, wie sie grazil, die Füße von der weißen Gischt des Meeres umspült, am Strand entlanglief. Sie schaute nach den Seesternen, die sich nahe dem weißen Strand an den Felsen geklammert hatten. Jeden Morgen begrüßte sie die Sterne des Meeres, die ihre besten Freunde waren. Vorsichtig, wie auf sanften Wellen, schlich der König an die Stelle, wo Lunita am Strand kniete und auf die spiegelglatte Wasseroberfläche blickte. Nun konnte er hören, was sie zu den Seesternen sagte:

„Wie schön ihr seid! Ihr erinnert mich an meine Vettern, die hoch oben am Himmel leben. Vor langer Zeit durfte ich einmal mit meiner Mutter, dem Mond, durch das unendliche Himmelreich ziehen und von weitem den herrlichen blauen Planeten betrachten. Aber mein Vater, die Sonne, mußte mich retten, denn ich war zu schwach, um den langen Weg, den Vater und Mutter Tag für Tag zurücklegen, mitzuziehen. So haben sie mich hier am Strand der grünen Insel zurückgelassen. Nachts beobachtet mich der Mond und am Tage die Sonne. So bin ich niemals allein."

Voll ehrfürchtiger Verwunderung erhob sich der König aus seinem Versteck, fiel vor Lunita auf die Knie und bat um ihre Hand.

Singend verbreiteten die Vögel die freudige Nachricht, daß der Herr der Meere die Tochter von Sonne und Mond heiraten werde. Als El Acuario zu seinem Schloß zurückkehrte, um die Hochzeitsfeierlichkeiten zu veranlassen, wurde er von seinem Hofstaat und den Adligen jubelnd empfangen. Endlich hatte ihr König die Frau seines Herzens gefunden! Mit großem Gefolge zog El Acuario am nächsten Tag zum festen Land im mittleren Meer. Als die Adligen die Tochter der Sonne und des Mondes erblickten, waren sie überrascht von der Schönheit des Mädchens, das wie die Sonne strahlte und den Zauber warmer Vollmondnächte verströmte.

Schon bald setzte sich ein festlicher Hochzeitszug in Bewegung. Lunita ließ alles am Strand zurück; nur auf das Spinnrad konnte sie nicht verzichten und trug es fest in beiden Händen. So durchquerte der Hochzeitszug alle Meere, und der Jubel des Volkes wollte nicht enden. Vor dem Königsschloß begrüßte der Hofstaat das Brautpaar mit Fackeln, und als die neue Königin ihr Schloß zum ersten Mal erblickte, schwebte es in einem flackernden Lichtermeer, das bis zur Wasseroberfläche hinauf schimmerte und dort den weißen Strahlen des Mondes begegnete.

Am nächsten Morgen wurde eine Hochzeit gefeiert, wie sie die Meere noch nie gesehen hatten. Fast wären sie übergeschäumt vor Freude und Lebenslust.

Noch immer spinnt Lunita ihren goldenen Faden, und jeden Tag sehen wir die Sonne und jede Nacht den Mond am Horizont in das Meeresreich eintauchen, um Lunita, die Tochter der Sonne und des Mondes, zu besuchen.

Das Rosenschloß

Am Tag bevor es auf dem Felsen schneite standen in der weiten, mit Macchia* überzogenen Ebene von Felanitx* zwei kleine, eng aneinandergeschmiegte Häuser. Ihr Äußeres erschien ärmlich. Die Dächer waren mit Stroh bedeckt, das teilweise bereits ins Innere der Hütten eingebrochen war. Man hätte glauben können, die Häuser seien unbewohnt, denn in den naßkalten Wintermonaten boten sie kaum Schutz vor den in der Ebene so gefürchteten Sturmwinden. Doch solange man zurückdenken konnte, lebten hier Felipe und Inoa; der Glückliche und die Nachdenkliche. Sie sprachen nicht viel miteinander. Durch ihre langen, schweigenden Blicke vermochten sie mehr zu sagen als Worte ausdrücken konnten; selbst die Pflanzen und Tiere verstanden die Sprache ihrer Augen.

Eines Tages beschlossen Felipe und Inoa, – es war wieder einer dieser stürmischen Herbsttage, an denen man bereits den Winter in der Luft spürte, – etwas Holz für ihren Kamin zu sammeln. Diesmal suchten sie sehr lange, bis sie einen alten, dürren Mandelbaum fanden, dessen Holz sie zum Feuermachen verwenden konnten. Mitten aus einer dichten, fast undurchdringlichen Rosenhecke, die in den prächtigsten Farben blühte, ragte der knorrige, alte Baum hervor, dem der Wind bis auf wenige Blätter das Laub geraubt hatte. Stumm betrachteten die beiden die kargen Äste. Ihre Augen schmerzten, denn der pfeifende Herbstwind peitschte ihnen ins Gesicht. Das Getöse war so laut, daß sie die Stimmen der Rosen fast überhört hätten.

„Felipe, Inoa, hört genau zu“, sprachen sie. „Demjenigen, dem es gelingt, aus unserem dornigen Rosenmeer hervorzutauchen, unseren alten Freund, den Mandelbaum, zu überspringen und von ihm eine der wenigen Mandeln zu pflücken, demjenigen werden wir ein märchenhaftes Schloß aus duftenden Rosen bauen. Doch seht euch vor: nicht ein einziges Rosenblatt dürft ihr uns abbrechen.“

Felipe dachte nicht lange nach, er nahm Anlauf ..., aber bereits nach wenigen Schritten hatten die Dornen seine Füße durchbohrt. Ihn, den man den Glücklichen nannte, schmerzten die Füße so sehr, daß er keinen Schritt mehr weiter laufen konnte.

Inoa, die Nachdenkliche, zögerte eine Weile, bevor sie sich ein Herz faßte. Als sie durch das Blumenmeer lief, schienen lediglich ihre Fußspitzen die Rosen leicht zu streifen; und als sie sprang, schwebte sie, wie vom Duft der Blüten getragen, über dem Mandelbaum, der im Abendlicht silbergrau schimmerte. Im Sprung pflückte sie die Mandel. Doch als sie wieder in das Blumenmeer eintauchte, streifte ihr Kleid ein Rosenblatt und knickte es ab. Schnell, bevor die Blume es bemerken konnte, aß Inoa das Blatt auf. Dann zeigte sie den Rosen stolz die Mandel und legte sie auf den Boden. Schon bald wuchs daraus ein Mandelbaum, der kurz darauf die ersten rosafarbenen Knospen trug.

Die Blumen, die von dem abgebrochenen Blatt nichts bemerkt hatten, lösten ihr Versprechen ein und bauten Felipe und Inoa aus den wundervollsten Farben ein duftendes, schillerndes Rosenschloß.

Wenig später gebar Inoa von dem Rosenblatt ein Mädchen. Die Jahre vergingen, und das Kind wuchs heran. Oft fragte es, wer es sei und woher es käme, und immer antwortete die Mutter:

MaJa '98

„Dein Vater war Rose,
ich habe Rosen gepflückt vom Rosenstrauch,
und Rose bist du auch;
doch halte dich von Rosen fern;
Rosen waren deiner Mutter Glück,
und Rosen werden dein Unglück sein."

Das Mädchen verstand den Sinn dieser Worte nicht und maß ihnen daher keine große Bedeutung bei.

Eines Tages – der Duft der Rosen hatte die Kleine heute sehr früh aus dem Schlaf geweckt – beschloß sie, ihrer Mutter einen Strauß Blumen zu pflücken. Sie ging zu der Stelle des Rosenschlosses, wo die weißen Blüten waren, die sie schon immer bezaubert hatten. Das Mädchen reckte sich nach einer besonders schönen, und als es sie sicher in seiner Hand wußte, bemerkte es, wie sich die Rose veränderte. Ein Dorn hatte den kleinen Finger verletzt, und Blut rann langsam in das Innere der weißen Blütenknospe; und als diese blutrot geworden war, sank das Mädchen tot zu Boden. Augenblicklich verwandelte sich das farbenfrohe Rosenschloß in einen gewaltigen grauen Felsen.

Seit diesem Tag hat sich nichts verändert. Bis heute findet man in den Bergen Mallorcas den großen, grauen Felsen inmitten eines bunten Blumenmeeres, und in der Ebene von Felanitx blühen noch immer die Mandelbäume.

Die beiden Seerosen

Am Tag bevor es auf dem Felsen schneite lebte auf einer Insel im Ozean ein König, der mit seinen Schiffen alle Meere bereist hatte. Auch sein Sohn Bernat liebte die Seefahrt und war hocherfreut, als der Vater ihn aufforderte, nach Afrika zum König der Mauren zu segeln. Eilig belud er ein Schiff mit kostbarem, goldgelben Safran, der auf der Insel reichlich wuchs, und stach mit Kurs auf das maurische Königreich in See.

Tage und Nächte verbrachten der König und seine Mannschaft auf dem Meer, bis eines Morgens endlich die ersten Häuser im Dunst auftauchten. Immer klarer wurden die Konturen der weißen Gebäude, die sich eng an die steile Küste schmiegten. Auf einer Bergspitze erblickte der Prinz den schwarzen Palast mit seinen langen, schlanken Türmen. Hier residierte der sagenumwobene Maurenkönig, der über unermeßlichen Reichtum verfügte. Bernat ankerte nahe der Küste, und in einer langen Kolonne, die Säcke voller Safran mühsam auf dem Kopf tragend, erklomm die Mannschaft mit dem Prinzen an der Spitze den Berg und erreichte das Schloß. Der Maurenkönig war den Fremden ein Stück des Weges entgegengekommen und begrüßte Bernat bereits am Tor. Als er das kostbare Geschenk erblickte, lud er ihn und die Matrosen ein, seine Gäste zu sein, solange sie wollten. Die Fremden wurden mit seltsam gewürzten Speisen bewirtet und tranken aromatische Getränke, die man auf der kleinen Insel im Meer nicht kannte. Bernat fühlte sich überaus wohl, machte ausgedehnte Spaziergänge in der geheimnisvollen fremden Stadt, besuchte die von Menschen wimmelnden Basare und lernte Dinge kennen, von denen er bisher nicht einmal geträumt hatte.

Eines Tages führte ihn der Maurenkönig in seinen Garten, den er gewöhnlich nur allein betrat. Niemals zuvor hatte Bernat bezaubernderе Blumen gesehen. In den schönsten Farben erstrahlten die Blüten, Knospen und Blätter, und die süßesten Düfte erfüllten die Luft. Sie gingen an blühenden Hecken und prächtigen Obstbäumen vorbei und kühlten ihr Gesicht an frischen Quellen. Als sie durch den ganzen Garten gegangen waren, sagte der Maurenkönig:

„Mein Prinz, euer Geschenk hat mich sehr erfreut, dafür erweise ich euch eine besondere Ehre: Ihr dürft drei Blumen aus meinem Garten pflücken und auf eure Insel mitnehmen."

Während sie ihren Weg durch den zauberhaften Garten fortsetzten, bewunderte der Jüngling die paradiesischen Blüten, und jede erschien ihm farbenprächtiger und wunderbarer als die andere. So kamen sie schließlich an einen Teich, in dem Bernat zwei kleine, rosafarbene Seerosen erspähte, die auf der Wasseroberfläche sanft nebeneinander hertrieben. Ihre Blüten wuchsen aus saftiggrünen Blättern, die sich flach auf das Wasser gelegt hatten. Mit Sicherheit waren es nicht die schönsten Blumen im Garten, doch Bernat hatte sich sofort in sie verliebt.

„Ich wähle diese Wasserblumen“, sagte der Prinz bestimmt.

„Möchtet ihr nicht den duftenden Oleander oder den gelben Jasmin, der jede Nacht bei Mondaufgang erblüht?“ fragte der König erstaunt. „Ihr werdet mehr Freude an diesen Blumen haben.“

„Nein, die beiden Seerosen sind das einzige, was ich wünsche“, bekräftigte Bernat.

„Nun gut, ich habe es versprochen, und ihr sollt sie haben; doch ihr müßt wissen, daß ihr die wertvollsten Blumen meines Gartens gewählt habt; sie sind unzertrennlich, denn wenn man sie auseinanderbringt, finden sie stets wieder zusammen.“

Der König schob vorsichtig eine der Seerosen mit dem Stock an das andere Ende des Teiches, so daß sie das Ufer berührte; aber sofort glitten sie langsam wieder aufeinander zu, bis sie vereint waren.

„Du darfst diese Blumen mitnehmen, doch vergiß niemals, daß sie ohne Meerwasser nicht leben können; stirbt die eine, so vertrocknet auch die andere. Und sagt, mein Prinz, welches ist die dritte Blume, die ihr wählt?“

Langsam durchstreiften die beiden den Garten, bis sie zu einer über und über mit Pflanzen bewachsenen Hütte kamen.

„Welche besondere Blume blüht geschützt in dieser Hütte?“ wollte Bernat wissen.

„Hier blüht keine Blume“, entgegnete der König forsch. „Hier habe ich eine dickköpfige Sklavin bei Wasser und Brot eingesperrt, die sich weigert, mich zu heiraten. Hier, sieh sie dir an!“

Der Jüngling schaute durch einen Türspalt, und kaum hatte er das Mädchen erblickt, fühlte er, wie sein Herz heftig für sie schlug.

„Mein König, dieses Mädchen soll die dritte Blume sein, die ich auf meine Insel mitnehme!“

Der Maurenkönig schwieg lange Zeit, dann sagte er schließlich:

„So soll es sein, nehmt das trotzige Mädchen und werdet glücklich!“

Bernat war es zufrieden, dankte dem König viele Male sehr herzlich und ging mit ihm zurück zum Palast.

Am nächsten Tag trat Bernat mit seinen Leuten den Rückweg an. Schon bald konnten sie die Segel hissen, und die Barke, beladen mit zwei Seerosen und einem trotzigen Mädchen, stach in See.

Die Tage vergingen langsam auf dem unendlichen Ozean. Im günstigen Wind trieb das kleine Schiff sicher dem Heimathafen entgegen. Jeden Tag bei Sonnenaufgang und bei Sonnenuntergang erfüllte Bernat sein Versprechen, kletterte über die Reling und ließ sich an einem Seil zu den leichten Wellen hinab, um das lebensnotwendige Wasser für die Seerosen zu schöpfen, die er sorgsam in seiner Kajüte aufbewahrte. Jeden Tag begleitete das Mädchen den Jüngling an Deck und half ihm beim Wasserschöpfen; und von Mal zu Mal blühten das Mädchen und die Seerosen mehr auf und erschienen dem Prinzen schöner denn je.

Eines Nachts bezog sich jedoch der Himmel mit dicken, schwarzen Wolken, und ein gewaltiger Sturm peitschte die blaugrünen Wellen über die Planken des kleinen Segelschiffes. Tag und Nacht kämpfte die Mannschaft gegen die übermächtigen Naturgewalten. Die schäumende See spielte mit der hölzernen Barke wie mit einer Nußschale und schleuderte das Schiff führerlos in die gewaltigen Wellenberge. Unbeirrt wagte Bernat jeden Morgen und jeden Abend sein Leben, indem er die Strickleiter in das tosende Meer hinunterkletterte, um seinen geliebten Seerosen das notwendige Salzwasser zu holen. Dem jungen Mädchen, das er als dritte Blume gewählt hatte und Flora nannte, verbot er, das Deck zu betreten, denn nur zu leicht hätte eine der gewaltigen Wellen das zarte Geschöpf von Bord reißen und verschlingen können.

Noch nie hatten die Matrosen die See so aufbrausend erlebt. Daher sagten sie sich, daß die Zauberblumen Schuld sein mußten und schmiedeten des Nachts einen Plan, um das Unglück von ihrem Schiff abzuwenden. Der Anführer, ein Mann mit dunklen Augen und pechschwarzem Haar, meinte, daß die verfluchten Seerosen über Bord gehen müßten, wenn man den Heimathafen jemals wiedersehen wolle. So schlich sich ein kleiner, flinker Matrose wagemutig in die Kajüte, in der Bernat neben den Seerosen schlief, und wollte die Blumen gerade ergreifen, als der Prinz die Augen öffnete. Hastig konnte der Seemann noch eine der Zauberrosen packen, mit ihr auf Deck rennen und sie in hohem Bogen in die tobende See werfen. Bernat war ihm so schnell er konnte gefolgt und sprang ohne zu zögern in die vom Sturm aufgewühlten Wellen der Rose hinterher. Voller Entsetzen beobachteten die Matrosen das Geschehen, und als sie im Wasser keine Spur von ihrem Prinzen entdeckten, wollte niemand etwas mit der Tat zu tun gehabt haben. Bedrückt legten sie sich in ihre Hängematten.

Am nächsten Morgen, das Meer hatte sich beruhigt, der Sturm gelegt, hißte man die Segel, um die Heimreise fortzusetzen. Flora eilte geschwind an Deck, wo sie den Prinzen und die fehlende Seerose vermutete, waren ihr die Ereignisse der Nacht doch verborgen geblieben. Ein herrlicher Morgen empfing sie; Vögel flatterten um den Topmast und kündigten das nahende Land an. Flora suchte nach Bernat und seiner Blume, doch vergebens. Sie befragte die Matrosen, aber die schauten nur verlegen zu Boden. Da fühlte sie, daß Bernat etwas Schreckliches zugestoßen war. Sie ging die Treppen hinab unter Deck und versank, wie einst in der Hütte des Maurenkönigs, in stummes Weinen.

Während der ganzen Nacht hatte sich Bernat an der schwimmenden Seerose festgeklammert und so den Sturm überlebt. Dann bemerkte er jedoch, wie seine Kräfte ihn verließen. „Bald werde ich ertrinken, und ein großer Fisch wird mich fressen“, dachte er und schloß vor Erschöpfung die Augen. Aber was war das? Die Rose begann zu wachsen, wurde größer und größer, bis ihre schwimmenden Blätter ihn zu tragen vermochten. Sie entfaltete ihre rosafarbenen Blütenblätter, so daß sich der sanfte Wind in ihnen fing und Bernat wie unter leichten Leinensegeln über das Wasser glitt.

Flora weinte bitterlich. „Wir werden immer zusammenbleiben“, sprach sie zu der Seerose, die ihr geblieben war. „Denn Bernat liebte euch beide so sehr, daß er sein Leben für euch wagte.“ Und ihre salzigen Tränen tropften unaufhörlich auf die Blüte.

Schon bald erreichte das Schiff die Heimatinsel, doch es war eine traurige Heimkehr. Bernat fehlte. Der König, der zum Empfang seines Sohnes mit Gefolge zum Hafen geeilt war, sah die weinende Flora an Bord stehen und wußte, daß etwas Furchtbares geschehen war.

„Sagt mir, fremdes Mädchen, was ist passiert? Wo ist mein Sohn?“

Flora reichte dem König die Rose und erzählte, daß dies das Liebste sei, was der Prinz besessen habe, und daß er für die zweite Blume sein Leben gab.

„Was nützt mir diese Rose, wenn mein Sohn tot ist?“ entgegnete der König. „Doch als Andenken an ihn, werde ich sie im Teich des Gartens aufbewahren, und ihr, Flora, sollt von heute an in meinem Schloß leben.“

So geschah es, und jeden Morgen besuchte das Mädchen die

wundervolle Zauberblume, die ganz allein über die Wasserfläche glitt.

Bei einem dieser morgendlichen Besuche erblickte sie am Horizont ein rosafarbenes, im Wind flatterndes Tuch. Niemals zuvor hatte sie ein solches Segelschiff gesehen, und so lief sie geschwind zum König, um ihm von dem merkwürdigen Boot zu berichten. Das rosa Segel näherte sich rasch, und als es nahe genug herangekommen war, erkannten Flora und der König eine gewaltige Seerose. Dann erspähte das Mädchen zwischen den grünen Blättern den Prinzen, der fest zu schlafen schien. Kaum aber hatte das Blumenboot die Küste berührt, erwachte Bernat aus seiner Ohnmacht und blickte in die Augen Floras. Da erinnerten sich die beiden der Worte des Maurenkönigs und wußten, daß es die Blume war, die den Prinzen nach Hause gebracht hatte.

Bernats Vater war überglücklich. Im ganzen Land ließ er Teiche graben, mit Salzwasser füllen und Seerosen hineinsetzen, die noch heute auf jedem dieser Seen Seite an Seite einhergleiten.

Das Licht der Erde

Am Tag bevor es auf dem Felsen schneite lebte in den Bergen Mallorcas, etwas abseits eines kleinen Dorfes, ein alter Weiser. Niemand hatte ihn je gesehen, doch man erzählte sich, daß die glühendrote Sonne sein Vater und das schäumende Meer seine Mutter seien. Immer wenn die Sonne am Horizont ins Meer eintauchte, erinnerten sich die Alten dieser Legende, und je öfter sie die Geschichte erzählten, desto farbenprächtiger erschienen die Bilder vor den Augen der Zuhörer.

Alle kannten das Haus am Fuße des Berges. Das Meer, sagten sie, habe dem Einsiedler den Felsen geschenkt, aus dem er dann sein Haus erbaut habe. Der runde Turm, nun fast völlig eingestürzt, mußte einmal weithin sichtbar das kleine Haus überragt haben. Die Bewohner des Dorfes mieden diesen Ort, wußten sie doch, daß dort der Geist des Alten lebte. Von Zeit zu Zeit betraten Fremde, die sich auf der Durchreise befanden, das steinerne Turmhaus; keiner blieb für länger, denn alle wollten eine furchterregende Stimme aus dem Dunkel gehört haben.

Pedro, der Ziegenhirte, lebte mit seinen Tieren in den kargen Bergen Mallorcas. Sein Zuhause waren die Felsen, seine Speise die Früchte des Waldes. Vor vielen Jahren war er mit seiner Mutter ins Dorf gekommen. Der Vater war gestorben, und so mußten die beiden von Dorf zu Dorf ziehen und sich das, was sie zum Leben brauchten, erbetteln. Eines Tages, die Sonne tauchte gerade ins Meer, kamen sie an das gefürchtete Haus. Die Tür stand offen, und so klopften sie nicht, sondern traten gleich ein. Da erklang eine Stimme aus dem Halbdunkel:

„Habt ihr eine Bitte – ich bin für euch da."

Soviel sie auch suchten, sie konnten den Mann, dessen freundliche Worte sie gehört hatten, nicht finden. Also entfachte Pedros Mutter das Feuer, das bald den ganzen Raum erhellte.

„Erleuchte mich – erleuchte dich!" rief dieselbe Stimme aus dem Nichts. Sie lauschten, woher die Rufe kamen. Furchtlos öffnete Pedro die Turmtür und folgte der steinernen Wendeltreppe. Stufe für Stufe entfernte sich der Junge vom Schein des Herdfeuers und schob sich, eng an die feuchte Mauer gepreßt und mit Händen und Füßen tastend, den Turm empor. Als er am Ende der Treppe anlangte, hörte er erneut die Stimme, diesmal ganz aus der Nähe:

„Erleuchte mich – erleuchte dich!"

Undeutlich erkannte Pedro einen Mann mit einem langen Mantel, der langsam auf ihn zukam.

„Hab keine Angst, erleuchte mich, erleuchte dich, Pedro!"

Dem Jungen wurde es unheimlich zu Mute. Woher wußte der Mann seinen Namen?

„Öffne das Fenster und gib uns die Kraft der Sonne!"

Pedro sah, wie der tiefrote Feuerball am Horizont aus dem Meer emportauchte. Er öffnete das Fenster; glitzernde Strahlen erleuchteten den Innenraum des Turmes und blendeten den Jungen derart,

daß er die Augen schloß. Als er sie zaghaft wieder öffnete, befand er sich in einem riesigen Saal, dessen Decke, Fußboden und Wände über und über mit Tieren, Vögeln und merkwürdigen Zeichen bemalt waren. Da gab es Bilder von geheimnisvollen Wesen, die er noch niemals gesehen hatte; da wurden Geschichten in farbenprächtigen Bildern erzählt; da schillerten phantastische Zeichen in den Farben des Regenbogens.

Plötzlich spürte Pedro, wie Blicke ihn durchdrangen, und er bemerkte den geheimnisvollen Mann. Der war mit einem grünen Mantel bekleidet, von dem grelles Licht ausging, während seine Augen in der Sonne wie Feuerbälle glühten und sein Bart wie weißer Meeresschaum bis zur Taille wallte.

„All diese Bilder erzählen von Vergangenem, sprechen zu dir", sagte der alte Weise. „Sie erzählen deine Geschichte, die Geschichte deiner Väter und die Geschichte deiner Kinder. Präge sie dir ein und gib sie an deine Kinder weiter, damit sie aus der Geschichte der Väter lernen. Achte die Sonne, denn sie gibt dir die Kraft des Lebens; bewahre das Meer, und du wirst keine Not leiden. Nun geh hinunter ins Dorf und erzähle, was du gesehen hast."

Mit diesen Worten ging er ans Fenster und blickte schweigend hinaus. Langsam öffnete er seinen weiten, grünen Mantel, streifte ihn behutsam ab und breitete ihn mit einem gewaltigen Schwung über der Insel aus.

Also trägt die Insel Mayor-rica* ihren Namen zurecht, denn Mallorca ist eine große Insel, auf der man neben kargen Bergen leuchtendgrüne, fruchtbare Landschaften findet.

Pedro lebt noch heute in den einsamen Bergen Mallorcas, und erzählt den Leuten des Dorfes seine Geschichten.

Die klugen Worte

Lange bevor es auf dem Felsen schneite lebten in einem kleinen Bergdorf an der kargen Steilküste des Nordens Lorentzo und Theresa. Hier war das Klima rauh, und an stürmischen Tagen peitschte die See ihre Gischt bis zu den Häusern hoch. Lorentzo und Theresa hatten ihr Ackerland terrassenförmig angelegt, um überhaupt etwas erwirtschaften zu können. Ihre Ziegen schickten sie morgens in die Berge, wo sie sich das spärliche Grün suchten. So hatten die beiden gerade genug, um den größten Hunger zu stillen.

Eines Tages entschloß sich Lorentzo, Frau und Dorf zu verlassen, um in der fruchtbaren Ebene Arbeit zu finden. Als er nach mühsamer Wanderung die Stadt Pollensa erreichte, staunte er über die großen Häuser, die vielen Menschen und den Wohlstand, in dem sie lebten. Ziellos irrte er durch die Straßen und Gassen, bis er in einem Haus einen Herrn schimpfen hörte:

„Das und das ergibt das ... Nein das geht nicht ... Dies und dies ist so viel, aber nein, die Rechnung stimmt schon wieder nicht. . ."

Lorentzo blieb an der Eingangstür stehen, hörte zu und betrat dann zögernd das Haus.

„Senor, kann ich euch vielleicht helfen?"

Der Mann hatte den Kopf verzweifelt in die Hände gestützt, betrachtete Lorentzo verwundert und sagte:

„Ich ordne gerade meine Abrechnungen, aber die Beträge wollen nicht übereinstimmen. Wenn ihr mir helfen könntet, wäre ich euch dankbar."

Lorentzo schaute sich die Rechnungen lange an, verglich die Zahlen, machte sich Notizen, zählte zusammen und meinte schließlich:

„Das und das ergibt diesen Betrag, und hier lag euer Fehler."

„Du kannst sehr gut mit Zahlen umgehen", sagte der Herr erstaunt. „Wie ist dein Name?"

„Lorentzo."

„Lorentzo, wenn du bleiben willst, kannst du mir die Rechnungsbücher führen; dafür wirst du einen angemessenen Lohn erhalten."

Lorentzo überlegte nicht lange und nahm das Angebot des Fremden an.

Viele Jahre vergingen. Lorentzo hatte sich ein stattliches Kapital zusammengespart. Aber die Sehnsucht nach seiner Frau, dem kleinen Dorf, den kargen Bergen und der stürmischen See waren stets gewachsen, und so beschloß er eines Tages, in sein Dorf zurückzukehren. Sein Herr und Freund war darüber sehr betrübt, doch verstand er, was in Lorentzo vorging. Am Tag der Abreise stellte er ihm frei, seine Dienste in Gold aufwiegen zu lassen oder drei Ratschläge mit auf den Weg zu nehmen. Lorentzo entschied sich für die klugen Worte.

Das erste lautete: Weiche niemals von dem einmal gewählten Weg ab.

Das zweite lautete: Es gibt Dinge, die man, ohne nachzufragen, hinnehmen muß.

Das dritte lautete: Bevor du ein Urteil fällst, denke dreimal darüber nach.

Dann reichte der Herr Lorentzo einen Laib Brot, den er erst dann anschneiden dürfe, wenn er das größte Glück seines Lebens verspüre.

Die beiden Freunde verabschiedeten sich, und Lorentzo begab

sich auf den Weg in die Berge. Gegen Abend traf er an einer Weggabelung zwei Männer. Der eine sagte zu Lorentzo:

„Komm, geh mit uns, dies hier ist der kürzere Weg, und wir hätten etwas Unterhaltung!"

Lorentzo dachte jedoch an den ersten Ratschlag seines Herrn und Freundes und lehnte das Angebot dankend ab. Sie trennten sich, und jeder ging seines Weges. Am nächsten Morgen erreichte Lorentzo die Gabelung, wo die beiden Wege wieder zusammentrafen. Von den Männern, die er am Abend zuvor verlassen hatte, erschien nur einer, und der berichtete, daß sie sich in der Nacht verlaufen und dann verloren hätten. Lorentzo war sich nun gewiß, daß er gut daran getan hatte, seinen Weg unbeirrt fortzusetzen.

Er marschierte den ganzen Tag bis tief in die Dunkelheit, und als er endlich ein einsames Landgut erreichte, fragte er, ob er über Nacht bleiben könne. Die Leute waren sehr zuvorkommend und boten ihm eine Kammer an. Am folgenden Tag stand Lorentzo frühzeitig auf, um das letzte Stück des langen Weges zu bewältigen. Als er sich aber verabschieden wollte, sagte ihm der Gutsbesitzer, daß alle, die hier übernachteten, drei Tage würden bleiben müssen. Lorentzo fragte nicht lange, sondern machte sich nützlich, wo er konnte; er erhielt gut zu essen und zu trinken. Am dritten Tag fragte er vorsichtig, ob er nun seinen Weg fortsetzen könne. Der Herr der Finca bejahte:

„Ihr könnt von Glück sagen, daß ihr drei Tage lang ausgehalten habt! Von allen Leuten, die hierher gekommen sind, seid ihr der einzige, der ohne Fragen blieb. Als Dank dafür zeigen wir euch den schnellsten Weg über die Berge zur Küste."

Lorentzo war sehr froh über diese Hilfe, denn er wußte nur zu gut, daß der Bergpaß, den er einst genommen hatte, sehr gefährlich war.

Schon bald hatte er die Berge überquert und seine kleine Ortschaft erreicht. Hier schien die Zeit stehengeblieben zu sein, war doch alles noch so, wie er es verlassen hatte. Aber als er zu den Fenstern seines Hauses emporschaute, erblickte er plötzlich seine Frau mit einem jungen Mann. Kurzerhand faßte er den Beschluß, seinen Nebenbuhler zu töten. Doch da dachte er an den dritten Ratschlag, den ihm sein Freund mit auf den Weg gegeben hatte. Er überlegte dreimal und fragte dann einen Nachbarn, wer der junge Mann sei, der neben seiner Frau am Fenster stehe.

„Nachdem du, Lorentzo, hinab ins Tal gegangen warst", erklärte der Nachbar, „hat deine Frau wenig später einen Sohn geboren, den sie Lorenzito nannte. Lorenzito ist zu einem stattlichen Mann herangewachsen. All die Jahre hat er seiner Mutter fleißig geholfen, und morgen wird er nun heiraten."

Dankbar gedachte Lorentzo seines Freundes in der Stadt …

Am nächsten Tag begannen die Hochzeitsfeierlichkeiten, und als Lorenzito mit seiner Braut vor dem Traualtar stand, betrat Lorentzo die reichgeschmückte Kirche. Nach der Hochzeitszeremonie wurde ein großes Festessen bereitet, und Lorentzo schnitt das Brot an, das ihm sein Herr und Freund mitgegeben hatte. Kaum aber hatte er es in zwei Hälften geteilt, da entstanden aus den beiden Teilen zwei neue Brotlaibe. Einen davon verteilte Lorentzo in kleinen Stücken unter die Hochzeitsgäste. Das zweite schnitt er wieder in der Mitte durch, und abermals entstanden wie von Geisterhand zwei neue Laibe.

Da erkannte Lorentzo, daß er und seine Familie nie mehr würden hungern müssen, und wie gut er daran getan hatte, auf die klugen Worte eines wahrhaften Freundes zu hören.

Der Mondbrunnen

Am Tag bevor es auf dem Felsen schneite herrschte über das Volk der Insel eine mächtige Königin. Sie liebte das Meer und den Felsen, glaubte an die Lebenskraft der Sonne und an die Schönheit des Mondes. Sonne und Mond, Kraft und Schönheit, waren in ihr vereint. Sie hatte drei Töchter, von denen eine schon bald ihre Nachfolgerin werden sollte. Den Mädchen lag jedoch nicht viel am Königsthron, sorgten sie sich doch einzig und allein um ihre Schönheit. Eines Tages sagte die älteste von ihnen:

„Die Sonne gibt uns zwar die Kraft des Lebens, aber sie gerbt unsere reine, weiße Haut; das geheimnisvolle Wasser des Mondbrunnens wird uns hingegen den ewigen Glanz paradiesischer Schönheit verleihen. Laßt uns zur Quelle der Schönheit gehen und unsere Körper mit dem klaren Wasser des Mondbrunnens waschen!“

Der Mondbrunnen lag in einem kleinen, von Bergen umgebenen, fruchtbaren Tal. Hier wuchsen die schönsten Blumen, das saftigste Gras und die süßesten Früchte. In jeder Vollmondnacht, das ganze Jahr hindurch, ob Sommer oder Winter, überschwemmte das Wasser des Brunnens die Ebene und legte einen zauberhaften Nebelschleier über sie. Mit der warmen Sonne des Tages klarte der Himmel wieder auf und gab den Pflanzen die Kraft des Lebens.

Niemand kannte den Weg zur Quelle der Schönheit, außer dem Mond selbst. Also warteten die drei Schwestern, bis es Nacht wurde. Der Himmel war mit Wolken verhangen und der Mond nur sehr undeutlich zu erkennen.

„Laßt uns auf den Gipfel des höchsten Berges gehen! Dort werden wir den Mond sehen und wissen, in welcher Richtung er scheint."

Schnell hatten sie den Berg erklommen. Von hier konnten sie den Vollmond in seiner ganzen Schönheit beobachten, denn die dichten Wolken vermochten es nicht, die Bergspitze zu übersteigen. Deutlich schien er in ein verstecktes, zwischen den Bergen liegendes Tal. Hier mußte sich der sagenumwobene Brunnen befinden.

Vor Anbruch des Tages erreichten die drei den Ort, den sie im Schein des Vollmondes erblickt hatten. Noch lag die Ebene in weißen Nebel getaucht; doch als die Sonne mit ihren wärmenden Strahlen die Niederung erreichte, klarte der Himmel auf und gab das paradiesische Tal ihren Blicken frei. In den schönsten und schillerndsten Farben lag das Wunder der Natur vor ihnen. Die Luft war erfüllt von den süßen Düften der Blüten, und aus den Baumkronen erklang das Gezwitscher der Vögel. In der Mitte sah man ein schlichtes Wasserloch, das von üppigem Schilfgras umgeben war.

„Das muß der Mondbrunnen sein!" sagte die älteste der Schwestern und lief freudig mit eiligen Schritten auf die Wasserstelle zu.

Erschrocken flatterten die bunten Vögel auf. „Halt, warte!", die beiden anderen Mädchen folgten ihrer Schwester in kurzem Abstand, denn jede wollte die erste sein, um den Zauber des Wassers an sich zu erproben. Noch im Lauf warfen die drei ihre Kleider ab und sprangen mit einem gewaltigen Satz in das kühle Naß. Als sie aber in das Wasser eintauchten, verwandelten sie sich augenblicklich in drei graue Steine, die auf den Grund des Mondbrunnens herabsanken.

Ein Tag verging, eine Woche, ein Monat, ein Jahr, ohne daß die drei Königstöchter zu ihrer Mutter zurückkehrten; und ihr trauriges Schicksal wäre ein großes Geheimnis geblieben, hätte die verzweifelte Königin nicht auf der ganzen Insel verkünden lassen, daß derjenige, der die Prinzessinnen finden würde, eine von ihnen zu Frau bekäme.

Dies hörten auch die drei Söhne des ärmsten Bauern des Landes, Felipe. Er konnte einzig eine sehr kleine Finca* sein eigen nennen und hatte seine drei Jungen, Pedro, Pablo und Bernardo, in großer Armut aufgezogen. Doch war er stets mit dem zufrieden, was er besaß.

Pedro, der älteste Sohn, entschied sich als erster, nach den Mädchen zu suchen.

„Vater", sagte er, „du weißt, daß wir bisher wenig Glück hatten. Ich möchte mein Leben ändern, eine Prinzessin heiraten und ein wohlhabender Mann werden. Laß mich bitte ziehen; armseliger als jetzt kann mein Leben nicht werden, auch wenn ich die Mädchen nicht finde."

„Tu, was du für richtig hältst, doch vergiß niemals dein Elternhaus!" antwortete Felipe und ließ seinen Erstgeborenen schweren Herzens gehen.

Pedro packte die notwendigen Sachen in einen Beutel und machte sich auf den Weg. Ziellos irrte er auf der Insel umher, bis er eine alte Frau mit gebeugtem Rücken und tiefen Falten traf.

„Eine kleine Gabe, bitte“, wimmerte die Alte und streckte ihm ihre runzelige Hand entgegen. Pedro, der den bohrenden Schmerz des Hungers kannte, packte seine Tasche aus und teilte das Essen mit der Bettlerin.

„Doch zum Dank mußt du mir sagen, wo ich den Mondbrunnen finde“, sagte er schließlich. Gesättigt antwortete die Alte:

„Steig auf den höchsten Berg der Insel und folge dem Schein des Mondes.“

Schon bald gelangte Pedro zum Gebirge und erklomm den mächtigsten Gipfel. Er wartete die Nacht ab und sah, wie der Mond hell erstrahlte, und sein Schein das kleine, fruchtbare Tal inmitten der Berge erleuchtete.

„Dort muß der Mondbrunnen sein!“ rief er freudig und lief so schnell er konnte zu der Stelle hinab, die er im Licht des Vollmondes erblickt hatte. Beim Morgengrauen erreichte er das Tal. Er bemerkte weder die Blüten und ihren betörenden Duft, noch den lieblichen Gesang der Vögel, sondern rannte geradewegs auf die mit Schilf bewachsene Wasserstelle zu. Von den hastigen, lauten Bewegungen aufgeschreckt, verließen die Vögel zwitschernd ihre Plätze. Kurz vor dem Mondbrunnen stolperte Pedro, fiel über den Rand, und als er in das frische Wasser eintauchte, verwandelte er sich in einen Stein, der auf den Grund des Brunnens niedersank.

Nach einem Monat bat Pablo, der zweite Sohn, seinen Vater:

„Padre, du weißt, daß wir bisher wenig Glück hatten. Ich möchte mein Leben ändern, eine Prinzessin heiraten und ein berühmter Mann werden. Laß mich bitte ziehen, unbedeutender als jetzt kann mein Leben nicht werden, auch wenn ich die Mädchen nicht finde.“

„Tu, was du für richtig hältst, doch vergiß niemals dein Elternhaus", antwortete Felipe und ließ seinen Zweitgeborenen schweren Herzens gehen.

Pablo packte das Nötigste zusammen, schnürte sich den Beutel auf den Rücken und zog davon. Er wußte nicht, wohin er gehen sollte, und irrte ziellos auf der Insel umher. Da traf er auf die runzelige Alte mit dem gebeugten Rücken, die bettelnd am Wegrand saß. Pablo, der wußte, wie weh Hunger tut, zog ohne Zögern seinen Beutel hervor und teilte sein spärliches Essen mit der Alten.

„Nun, da du deinen Hunger gestillt hast, mußt du mir verraten, wo ich den Mondbrunnen finde", sagte er schließlich.

„Mein junger Freund", erwiderte sie, „steig auf den höchsten Berg der Insel! Über ihm strahlt der Mond in seiner ganzen Schönheit. Folge seinem Schein, und du wirst den Mondbrunnen finden."

Pablo kletterte auf den höchsten Punkt der Bergkette und sah, wie der Mond in das kleine Tal inmitten des Gebirges schien.

„Dort finde ich den Mondbrunnen!" rief Pablo aufgeregt und lief in Richtung der erleuchteten Ebene. Die Sonne hatte gerade ihren Platz eingenommen, als sich vor seinen Augen das bezaubernde, buntschillernde Tal öffnete. Er beachtete weder die feinen Blüten und ihren süßen Duft, noch das liebliche Zwitschern der Vögel, sondern rannte zielstrebig auf die in der Mitte liegende Quelle zu. Seine unvorsichtigen Schritte traten eine breite Schneise in die blühende Wiese und zerknickten die zarten Blumen. Die Vögel verließen die Baumkronen und flogen mit aufgeregten Flügelschlägen davon. Als Pablo die Wasserstelle erreichte, stolperte er und stürzte kopfüber in den Mondbrunnen. Wie zuvor sein Bruder verwandelte er sich in einen grauen Stein und sank auf den Grund hinab.

Als ein Monat vergangen war, bemerkte Felipe, daß Bernardo, sein jüngster Sohn, immer trauriger und nachdenklicher wurde.

„Bernardo, ich weiß, was dich so traurig und nachdenklich

macht", sagte er. „Seit zwei Monaten haben wir nichts von Pedro und seit einem Monat nichts von Pablo gehört, und außerdem trauert das ganze Reich um die drei Königstöchter, die nun schon mehr als ein Jahr verschwunden sind."

„Ja, Vater, du kennst mich so gut wie kein anderer. Ich möchte mich um meiner beiden Brüder und der Prinzessinnen willen auf den Weg machen. Ich weiß, daß ich sie finden werde."

Und so ließ Felipe auch seinen dritten Sohn ziehen. Bernardo packte einen Beutel mit etwas Proviant und machte sich auf den Weg. Es dauerte nicht lange, da traf er auf die bucklige Alte, die noch immer am Wegrand saß und um eine kleine Gabe bettelte. Bernardo wußte, was es heißt, Hunger zu leiden. Also nahm er seinen Beutel und gab ihn wortlos der Alten.

„Wenn du, mein Freund, den Mondbrunnen suchst, so wird dir der Mond den Weg weisen", sagte sie. „Steige auf den höchsten Gipfel der Berge, und vor dir wird sich ein fruchtbares Tal auftun, in dessen Mitte das volle Mondlicht auf den Quell der Schönheit fällt. Doch sei vorsichtig und zerstöre niemals den Kreislauf der Dinge."

Der Mond ging auf, und als er seinen höchsten Punkt erreicht hatte, erleuchtete er das kleine, fruchtbare Tal.

„Jetzt werde ich meine Brüder und die Prinzessinnen erretten", freute sich Bernardo und eilte zu der geheimnisvollen, im Mondschein leuchtenden Stelle.

Als er dort ankam, lag das Tal in tiefem Schlaf, zugedeckt mit einer Wolke aus weichem, silbergrauen Nebel. Wie in einer anderen, verzauberten Welt fühlte sich Bernardo; und als die Sonne im Morgengrauen den weißen Schleier langsam hob, war der Junge betört von der Vielfalt einzigartiger Schönheiten. Vorsichtig, ohne einen Grashalm zu knicken, schritt er von Blüte zu Blüte, betrachtete die zarten, farbenprächtigen Kelche und atmete tief ihren süßen Duft.

Die langen Grashalme wiegten sich sanft in der frischen Morgenluft, und die Vögel erwachten mit leisem Zwitschern. Ein in allen Farben des Regenbogens schillernder Libellenschwarm begleitete Bernardo zum Mondbrunnen, zur Quelle der Schönheit. Er kniete nieder, beugte sich über die glatte Wasseroberfläche und erblickte zum erstenmal in seinem Leben sein Spiegelbild. Er träumte und fiel in einen tiefen Schlaf.

Als er nach einiger Zeit erwachte – er wußte nicht, wie lange er geschlafen hatte – und sein Abbild im Brunnen suchte, fand er nur noch ein tiefes, dunkles Loch.

„Sollte hier etwa das Versteck sein, wo man meine Brüder und die Königstöchter gefangen hält?" überlegte Bernardo und kletterte furchtlos hinab in das schwarze Erdloch, immer tiefer und tiefer, bis er auf dem Grund des Mondbrunnens anlangte. Außer fünf grauen Steinen gab es hier jedoch nichts. Das Wasser tropfte von der feuchten, glitschigen Brunnenwand, die es unmöglich machte, wieder hinaufzusteigen. Weit entfernt zeichnete sich hoch oben die kreisrunde Brunnenöffnung ab. Den Kopf auf die Knie gelehnt, kauerte Bernardo verzweifelt in dem finsteren Brunnen. Plötzlich hörte er die leise, wispernde Stimme einer Schlange. Er hob den Kopf und sah, wie das Tier züngelnd seinen schuppigen Körper vor ihm aufrichtete.

„Bernardo", hauchte die Schlange, „wenn du nicht vom Mondbrunnen zu Stein verwandelt werden willst, dann flieh von hier, bevor das Wasser zurückkehrt."

„Niemals mehr gibt mich der Mondbrunnen frei, zu Stein wird er mich verwandeln", seufzte Bernardo hoffnungslos. „Rette du dich und laß mich hier zurück."

Der langgestreckte Körper des Tieres wand sich in eleganten Schlängelbewegungen die steile Wand empor und verschwand. Die

Brunnenöffnung verdunkelte sich, und ein Schwarm von Raben, Falken und Adlern stürzte in den schwarzen Schacht, packte Bernardo und die fünf Steine, trug sie hinauf zum Brunnenrand und setzte sie dort vorsichtig ab. Die Sonne trocknete sie mit ihren wärmenden Strahlen. Dann hauchte sie den fünf leblosen Steinen ihre Lebenskraft ein, und sie verwandelten sich in Pedro, Pablo und die drei Königstöchter.

Bernardo freute sich über die Maßen, daß seine Brüder und die Prinzessinnen gerettet waren. Sie jubelten, umarmten sich, tanzten und sprangen vor Freude in die Luft. Aber da hörten sie wieder die geheimnisvolle Stimme der Schlange:

„Meine Freunde, verlaßt dieses Tal, denn bald kehrt das Wasser des Mondbrunnens zurück, um diesen Ort von neuem zu überschwemmen. Aber seid vorsichtig, brecht keine Blüte, keinen Grashalm ab, lauscht dem Gesang der Vögel und atmet den süßen Duft der Blumen – und eins beachtet stets: Zerstört niemals den unendlichen Kreislauf der Dinge."

Der Mann im Fels

Am Tag bevor es auf dem Felsen schneite lebten in den einsamen Berhöhlen Mallorcas schwarze Männer. Man erzählte sich, daß sie Tag für Tag tief in den Leib der Erde krochen und der allmächtigen Erdgöttin dienten. Dafür erhielten sie zum Dank schwarzglitzernde Steine.

An manchen Tagen sah man dunkle Rauchwolken über den Bergen aufsteigen. Alle wußten, aber keiner redete davon, daß die schwarzen Männer wieder Steine kochten.

Jose', der von seinem Fischerboot aus schon oft die Rauchschwaden in den steilen Berghängen hatte beobachten können, vermochte eines Tages der Neugierde nicht zu widerstehen. Er warf den Anker aus, sprang ins Wasser und schwamm das letzte Stück bis zur Steilküste. Vorsichtig kletterte er an Land und erklomm mit großer Mühe den Berghang. Schritt für Schritt näherte er sich den schwarzen

Wolken, immer auf dem Sprung, hinter einem Felsen Deckung zu suchen. Als ihn nur noch wenige Meter von der Feuerstelle trennten, schlich er in gebückter Haltung näher, bis er den Platz erkennen konnte, von dem die Rauchschwaden aufstiegen.

Männer, wie er sie noch nie gesehen hatte, die Körper und Gesichter schwarz beschmiert, schleppten Säcke voll schwarz-glitzernder Steine herbei. Mehrere kleine Erdhügel waren in einem Kreis angeordnet. Sie hatten eine Öffnung in der Spitze und eine Feuerstelle am Fuß. In der Mitte des Hügelringes befand sich ein mit Wasser gefülltes Erdloch. Die schwarzen Männer warfen Stein für Stein in die Öffnungen der Erdhügel, und es dauerte nicht lange, bis zunächst aus einem, dann aus dem zweiten und schließlich aus allen Erdhaufen eine zähe, rotglühende Flüssigkeit hervorquoll und sich ihren Weg zu dem Wasserloch bahnte. Zischend vereinte sich die feurige Masse mit dem Wasser. Hatte zuvor der schwarze Rauch die Sonne verdeckt, so umhüllte nun weißer Rauch den Platz der Erdhügel.

Mahoma war einer dieser schwarzen Männer. Sie wurden nicht gerade gefürchtet; aber man wußte wenig von ihrem Leben, und wie alles Unbekannte gaben auch sie Anlaß zu Gerede und geheimnisvollen Gerüchten. Gelegentlich ging Mahoma vom Berg hinunter ins Dorf. Er war schon alt, und der Weg fiel ihm von Mal zu Mal schwerer. Als er das Dörfchen am Fuße des Berges erreichte, fand er es wie immer. Die Leute saßen im Schatten vor ihren Häusern, die Kinder spielten auf der Straße, und Essensdüfte erfüllten die Luft; es war Siestazeit. Jose', eben vom Fischfang zurückgekehrt, saß auf seiner Terrasse und hatte den Strohhut halb ins Gesicht gezogen; seine Frau bereitete das Essen. Als Jose' den Fremden, den er schon oft im Dorf gesehen hatte, bemerkte, erkannte er in ihm einen der schwarzen Männer.

„Hola, schwarzer Mann, wie geht's? Komm her, setz dich zu mir, meine Frau bereitet gerade das Essen!"

Mahoma drehte sich um und ging zögernd auf Jose' zu.

„Du nennst mich schwarzer Mann?"

„Ja, und ich weiß noch mehr von dir. Setz dich her!"

Mahoma ließ sich nieder und lauschte gespannt Jose's Erzählungen. Dann brachte die Frau die duftenden Speisen, uns sie aßen gemeinsam, bis sie satt waren. Da sagte Mahoma:

„Jose', du und deine Frau, ihr habt mich so gastfreundlich aufgenommen, würdest du mir einen Gefallen tun? Ich bin schon sehr alt und werde nicht mehr lange leben. An einem besonderen Ort hoch in den Bergen habe ich aus dem Fels eine Höhle geschlagen, die magnetische Kraft besitzt. Dies soll mein Grab sein. Meine Brüder werden dir einen Sarg geben; in den lege mich, wenn ich gestorben bin und beerdige mich in der Höhle."

Jose' verstand den Sinn dieser Worte nicht, überlegte jedoch nicht lange und versprach dem Alten, seine Bitte zu erfüllen. Darauf schloß Mahoma zufrieden die Augen und öffnete sie niemals wieder.

Also spannte Jose' seinen Esel vor den Karren, legte Mahoma auf den Wagen und zog los zu der Stelle, wo er einst die rauchenden Erdhügel gesehen hatte. Der Weg war sehr beschwerlich, und als er den Ort endlich erreichte, stand der Sarg schon bereit. Der sah aus wie die Särge, die sein Nachbar, der Schreiner, herstellte; als Jose' aber genauer hinblickte, erkannte er in dem Material die zähe, rotglühende Flüssigkeit, die aus den Erdhügeln geflossen war. Er bettete Mahoma in den Sarkophag und setzte den Weg zu der geheimnisvollen Höhle fort. Die Sonne war schon fast am Horizont verschwunden, als er im Halbdunkel die Grabkammer entdeckte. Behutsam nahm er den Sarg, in dem Mahoma lag, vom Eselskarren und stellte ihn in der Mitte der Höhle ab. Zu müde, um auch nur wenige Schritte zu tun, legte Jose' sich am Höhleneingang nieder und schlief sofort ein. Er schlief so fest, daß er nichts von den geheimnisvollen Vorgängen jener Nacht bemerkte.

Früh am nächsten Tag, der Morgennebel umhüllte noch die Berge, erwachte Jose' aus dem tiefen Schlaf und traute seinen Augen nicht: Mahomas schwerer Sarg, den er, Jose', nur mit Mühe auf den Berg getragen hatte, schwebte in der Mitte des Felsengrabes. Dies konnte nur das Werk der allmächtigen Erdgöttin sein, der Mahoma so viele Jahre gedient hatte. Ehrfürchtig verschloß Jose' das Grab mit einem großen Stein und machte sich auf den Weg zurück in sein Dorf. Noch heute erzählen sich die Leute, daß Mahoma, der schwarze Mann, in einer Höhle der Berge Mallorcas zwischen Himmel und Erde schwebe.

Der Rosmarinstrauch

Am Tag bevor es auf dem Felsen schneite herrschte über das Inselreich ein König, der zwei halbwüchsige Söhne hatte. Antonio, der ältere, war ein rauflustiger Bursche und zu jedem Streich bereit. Der jüngere hingegen, Georgio, war zurückhaltend und oftmals in Gedanken versunken. Sein älterer Bruder hänselte ihn deswegen oder verprügelte ihn sogar, wenn er ihn im Garten träumend vorfand. Stumm erduldete Georgio sein Leid, denn er war stolz und hätte sich nicht einmal seinem Vater offenbart.

Als die Brüder sich einmal in der Kunst des Jagens übten, fing Antonio einen königlich stolzen Adler. Mit gewaltigem, gebogenem Schnabel hackte der Vogel furchtlos nach Antonio und schlug heftig mit seinen mächtigen Schwingen, um sich vom Boden zu erheben. Doch sein erbitterter Kampf war aussichtslos. Der Königssohn warf einen Jutesack über ihn und band eine der scharfen Klauen an einem Orangenbäumchen fest. Immer wieder versuchte das stolze

Tier, sich in die Lüfte zu erheben, doch sobald es die Schwingen spreizte, schlug der junge Jäger mit einem Stock auf sie ein, so daß sie bald zu bluten begannen.

Die Tage vergingen, und der Freiheitsdrang des Adlers blieb ungebrochen. Mit aller Kraft versuchte er zu fliegen, aber die erbarmungslosen Schläge warfen ihn jedesmal auf den Boden zurück. Weinend sah Georgio die Qualen seines Leidensgenossen, und jeder Schlag schien auch ihn zu treffen. So raffte er eines Nachts all seinen Mut zusammen und schlich in den Garten zu dem blutenden Tier. Während er das Bein des Adlers losband, flüsterte er:

„Flieh, stolzer Vogel, damit mein Bruder dich nicht noch mehr quälen kann!"

„Das tust du für mich? Hab vielen Dank, mein Freund", sprach der Adler. „Doch bevor ich mich von diesem grausamen Ort erhebe, zupfe mir die lange Feder meines rechten Flügels aus und mache aus dem Federkiel eine Pfeife. Das Lied dieser Flöte soll uns immer wieder zusammenführen, wir werden wie Brüder sein."

Danach erhob er sich mit mächtigen Flügelschlägen in den Himmel und flog der aufgehenden Sonne entgegen.

Jahre vergingen. Eines Tages wurde das Inselreich von feindlichen Schiffen angegriffen, und der König führte sein Heer zur Küste, um die Gegner zurückzuschlagen. Stets stand er an der Spitze seiner Soldaten, kämpfte vorbildlich und sprach ihnen Mut zu. Doch da schlug ein Brandpfeil eine tiefe Wunde in sein Bein, und er sank zu Boden. Sein Gefolge trug ihn ins Schloß, aber es schien zu spät zu sein; die klaffende Wunde hatte sich entzündet und das Bein anschwellen lassen. Der König lag also im Fieber. Rettung konnte nur noch von einer besonderen Pflanze kommen, deren Blütenstaub das Feuer aus einer entzündeten Wunde nahm. Von dieser Zauberpflanze, Rosmarin nannte man sie, hatten die Ärzte zwar ge-

hört, aber niemand wußte, wie sie aussah und wo sie zu finden war. Eile war geboten, und so packten die beiden Königssöhne die nötigsten Sachen zusammen und machten sich auf die Suche. An einer Wegkreuzung trennten sie sich, damit jeder einen anderen Teil des Landes erkunden konnte. Nach einem Monat wollten sie sich hier wieder treffen.

Tag um Tag verging, und sie fanden nicht das geringste Anzeichen der geheimnisvollen Blume. Da erinnerte sich Georgio der Flöte, die er aus dem Federkiel des Adlers fertigte und seither an einer Kette um den Hals trug. Er blies hinein, und eine kaum hörbare Melodie erklang. Kaum aber hatte die Flöte ihr Lied beendet, da nahte der Vogel mit gewaltigen Flügelschlägen und ließ sich sanft vor Georgio nieder.

„Mein Bruder, du hast mich gerufen?“

„Ja, Freund, mein Vater liegt im Sterben, und nur eine geheimnisvolle Blume, die man Rosmarin nennt, vermag ihn noch zu retten. Du bist der einzige, der mir in meiner Not helfen kann“, traurig senkte Georgio den Kopf.

In der Ferne konnten sie das Meer erkennen und am Horizont eine gigantische Felsgruppe, die bis zu den Wolken hinaufreichte. Fern im bläulichen Nebel zwischen Himmel und Erde lag sie und glich einem spitzen Vogelschnabel, auf dem einzig ein Adlerhorst Platz fand.

„Siehst du diesen Felsen dort hinten? Da befindet sich mein Nest, und da wächst auch der Rosmarinstrauch, den du suchst“, sagte der Adler. „Steig auf meinen Rücken, presse deinen Körper an mich und halte dich im Gefieder fest!“

Sie stiegen in die Lüfte, und die kalte Seeluft blies Georgio in die Augen. Krampfhaft krallten sich seine Finger in den weichen Federflaum. Noch als sie bereits im Adlerhorst gelandet waren, klammerte er sich an dem Gefieder fest, fürchtete er doch, in die Wellen zu stürzen, die mit überschäumender Wucht gegen den Felsen prallten.

„Nur Mut, Georgio, öffne deine Augen und schaue in die Tiefe! Siehst du dort den Rosmarinstrauch?“ rief der Adler ihm im Getöse der Brandung zu.

Unten auf der Höhe des Meeres erblickte Georgio eine mit Vogelkot gefüllte Felsspalte und darin drei rotblühende Blumen. Allein mußte er dort hinuntersteigen; zu eng war der Spalt für den mächtigen Vogel. Also kletterte er tiefer und tiefer, und je weiter er sich vom Nest entfernte, desto enger wurde die Spalte. Die Brandung schlug heftig gegen den Fels und drohte, Georgio in die Tiefe zu reißen. Dann sah er plötzlich die Zauberblume dicht vor sich, atmete bereits ihren Duft; doch um sie zu pflücken, fehlte seinem Arm die Breite einer Hand.

„Komm wieder hinauf!“ rief der Adler in die Tiefe. „Die einzige Möglichkeit, die uns noch bleibt, ist, mir eine Klaue abzuschneiden; mit der kannst du die Blumen ergreifen.“

„Nein, niemals!“ schrie Georgio zurück. „Ich mag dir kein Leid antun, wir müssen einen anderen Weg finden.“

„Dafür fehlt uns die Zeit, sorge dich nicht um mich! Wenn du an die Wunderpflanze gelangst, wird sie auch mich heilen.“

Diese Worte überzeugten den Königssohn, und er kletterte wieder hinauf. Er trennte die Vogelklaue vom Bein des Adlers und machte sich ein zweites Mal auf den gefährlichen Weg nach unten. Mit Hilfe der Adlerklaue gelang es ihm, die Blütenstengel zu ergreifen und mit den Wurzeln vorsichtig aus dem fruchtbaren Vogelkot zu ziehen. Dann kletterte er eilig auf den Gipfel zurück. Hier in der kraftspendenden Wärme der Sonne entfaltete sich der Duft des Rosmarinstrauches in einer wohlriechenden Wolke, während die drei roten Blütenkelche und der goldgelbe Pollenstengel im Sonnenlicht wunderbar leuchteten.

„Nimm eine der Wunderblumen und bepudere die Klaue und mein Bein mit dem gelben Blütenstaub!" befahl der Vogel.

Und als das heilende Pulver sich auf die Wunde legte, hörte sie zu bluten auf, und die Vogelklaue wuchs wieder mit dem Bein zusammen. Vorsichtig, fast ehrfürchtig hielt der Königssohn die Blüten in der Hand, wußte er doch, daß sein Vater mit ihrer Hilfe gerettet werden konnte.

„Du siehst, daß du dich um mich nicht sorgen mußtest", sprach der Adler. „Der Zauber des Rosmarin ist das kostbarste, das uns die Erde je gab. Er schenke deinem Vater das Leben! Und nun steige wieder auf meinen Rücken!"

Georgio band den Beutel, in dem er die wertvollen Blüten verborgen hatte, fest um seine Schultern und drückte sein Gesicht in den weichen Flaum des Federkleides. So flog er auf Adlersschwingen über das tiefblaue Meer bis zur Küste. Stumm umarmte er seinen gefiederten Freund. Dann eilte er zu der Kreuzung, wo er sich mit seinem Bruder treffen wollte.

Kurz nachdem er dort angelangt war, kam auch Antonio und fragte aufgeregt:

„Hast du die Wunderblume gefunden? Ich glaube, diese geheimnisvolle Pflanze wächst auf der ganzen Insel nicht. Überall bin ich gewesen, habe jeden gefragt, war dem Tode nahe und habe doch nicht das geringste Anzeichen eines Rosmarinstrauches gesehen. Aber sicher ist es dir nicht besser ergangen."

„Doch, Antonio", entgegnete Georgio. „Mit Hilfe meines Freundes ist es mir gelungen, die Zauberblume zu finden."

„Was sagst du da? Mit Hilfe deines Freundes? Zeig sie mir!"

Vorsichtig packte Georgio den wertvollen Schatz aus der Tasche und streckte dem Bruder die leuchtenden Blüten entgegen.

„Du bist ein Lügner!“ schrie Antonio. „Ich habe überall gesucht, mich in Gefahr begeben, und dies soll nun die geheimnisvolle Blume sein?“

Rasend vor Wut riß er Georgio die Blüten aus der Hand, packte einen am Wegrand liegenden dicken Stock und erschlug damit seinen Bruder. Dann schleppte er den Leichnam zur nahegelegenen Sandküste und verscharrte ihn dort. Es blieb keine Spur, die die grausame Tat hätte verraten können. Ruhig las Antonio die drei Blumen vom Boden auf, steckte sie in seine Tasche und machte sich eilends auf den Weg zum Schloß. Dort angekommen, begab er sich sofort zu seinem Vater.

„Nun, mein Sohn, du kommst allein“, der König vermochte vor Fieber kaum zu sprechen. „Sage mir, hast du den Rosmarinstrauch gefunden?“

„Ja, mein Vater! Diese drei roten Zauberblüten werden dich wieder gesund machen.“

Er holte die Pflanzen aus seiner Tasche, bepuderte das verletzte Bein des Königs mit dem gelben Pollenstaub, und augenblicklich schloß sich die Wunde; nur eine kleine Narbe blieb zurück.

„Antonio, du hast mir das Leben gerettet! Einmal wirst du die Krone des Inselreiches tragen! Doch sage mir, wo hast du deinen jüngeren Bruder Georgio verloren?“

„Vater, Georgio kam nicht zum vereinbarten Treffpunkt zurück“, anwortete Antonio mit sicherer Stimme. „Wahrscheinlich hat er uns vergessen und sitzt irgendwo träumend am Meer.“

Diese Worte betrübten den König so sehr, daß er wenig später an gebrochenem Herzen starb und man ihn zu Grabe trug. – Der König ist tot, es lebe der König! Antonio bestieg den Thron des Inselreiches.

Georgio liegt noch heute unter dem Sand, nicht weit von der Kreuzung. Ohne daß sein Bruder es merkte, hielt er die Wurzeln des Rosmarinstrauches fest umschlossen. Und kaum war ein Jahr vergangen, da wuchsen aus der Hand des nachdenklichen Träumers drei wunderbar leuchtende Blüten, das kostbarste, das uns die Erde je gab.

Das tanzende Wasser

Am Tag bevor es auf dem Felsen schneite lebte in einem weiten, grünen Tal, das von einem sprudelnden Fluß umsäumt wurde, ein König. Der war ein warmherziger, stolzer junger Mann und liebte es, durch die blühenden Wiesen zu spazieren. Seit einiger Zeit beobachtete er dort ein anmutiges Wesen, das sich wie eine kleine Nixe in den Wellen des Flusses bewegte. Er begann, von dem Mädchen zu träumen, und eines Tages, als es am Ufer in der wärmenden Sonne ausruhte, faßte er sich ein Herz und ging auf es zu.

„Guten Tag, fremdes Mädchen“, sagte er, „wie heißt du und was machst du hier? Seit wann bist du in meinem Königreich?“

Das Mädchen fuhr erschrocken hoch.

„Verzeiht, Herr, ich wollte nicht in euer Gebiet eindringen! Ich heiße Miramar und werde sogleich weiterziehen.“

„Aber nicht doch! Ich wollte dich nicht erschrecken und auch nicht vertreiben. Woher kommst du?“

„Ich bin aus einem kleinen Fischerdorf weit oben am tanzenden Wasser.“

„Am tanzenden Wasser?“

„Ja, es ist dieser Fluß. Hört ihr nicht seine Musik, und seht ihr nicht sein rhythmisches Tanzen und Kreisen? Jetzt spielt er eine leise Melodie, und das Wasser wiegt sich in sanften Bewegungen zum Meer hin. Gestern war er nicht so still; er ließ mich auf- und abhüpfen und in kreisenden Strudeln nach unten ziehen und wieder hochtreiben; es war eine Freude, sich auf sein Spiel einzulassen."

„Hast du denn keine Angst, wenn das Wasser so tobt?" fragte der König besorgt.

„Nein", lachte das Mädchen, „der Fluß ist doch mein Freund und meint es gut mit mir. Aber er kann auch böse werden", fügte sie nachdenklich hinzu. „Wenn man ihn ärgert, wird er wild und überflutet ganze Täler und Dörfer. Keine Kraft der Welt kann sich ihm dann widersetzen."

„Willst du meine Frau werden und für immer an diesem schönen Ort leben?" fragte der König, beeindruckt von der Harmonie dieses Mädchens mit der Natur.

„Lacht nicht über mich, Herr", erwiderte Miramar freundlich. „Aber dort, wo ich herkomme, hat man niemals gehört, daß ein König ein armes Mädchen heiratet."

„Aber der Fluß hat uns doch zusammengeführt", versuchte der König Miramars Bedenken zu zerstreuen.

Da gab Miramar nach.

„Nun gut", sagte sie, „dem Weg des tanzenden Wassers soll man sich nicht widersetzen."

Die Königinmutter mochte das Mädchen jedoch nicht, denn es war arm und stammte von gewöhnlichen Fischersleuten ab. Gegen die Liebe zweier junger Menschen konnte sie dennoch nichts ausrichten!

Auf einem großen Floß inmitten des Flusses wurde ein berauschendes Hochzeitsfest gefeiert, das eine Woche dauern sollte. Das ganze Volk durfte am Glück des Königspaares teilhaben; groß und klein tanzte und sang zu der Musik des Wassers. Da wurde das Fest jäh beendet: ein Krieg war ausgebrochen, und alle Männer mußten fortziehen, um das Reich zu verteidigen – an ihrer Spitze der König.

„Immer wenn ich einen Fluß überquere, werde ich an dich denken und ihm eine Nachricht für dich mitgeben“, sagte der König. „So wie der Fluß uns zusammengeführt hat, soll er uns jetzt verbinden.“

Nach neun Monaten brachte Miramar ein Mädchen und einen Jungen zur Welt. Sofort richtete die Königinmutter eine Botschaft an ihren Sohn: „Du mußt wissen, daß deine Frau zwei Geschöpfe geboren hat, von denen wir nicht wissen, ob es Tiere oder Menschen sind.“

Der König ließ sich jedoch nicht beirren und antwortete: „Hüte die beiden gut, bis ich wieder da bin!“

Daraufhin legte die eifersüchtige Alte einen Beutel mit Geld in die Wiege, packte die Kinder hinein und setzte sie auf dem nahe gelegenen Fluß aus. So trieb das kleine Boot mit seinen erst wenige Tage alten Passagieren auf den weichen Wellen des Wassers. Durch das merkwürdige Gefährt angelockt, versammelten sich mehr und mehr Fische in seiner Nähe.

„Was ist das für ein Kasten, der unaufhörlich schreit?“ fragte ein junger Fisch seine Mutter. „Es hört sich an, als hätte er Angst oder Hunger. Hoffentlich frißt er uns nicht auf!“

„Du brauchst dich nicht zu fürchten, ich sehe mal nach“, beruhigte ihn ein alter fliegender Fisch. Dann nahm er Anlauf und flog über die Wiege hinweg. Wieder gut eingetaucht, berichtete er:

„Es sind zwei Menschenkinder, ganz klein und hilflos. Wir müssen ihnen helfen!“

Daraufhin schwammen alle Fische aufeinander zu, hielten sich an den Flossen fest und bildeten einen starken Ring um die Holzkiste herum. So glitt sie sicher flußabwärts bis zu einer Stelle dicht am

Ufer, wo eine junge Frau gerade ihre Wäsche wusch. Sie erblickte die langsam dahintreibende Wiege, fing sie auf und trug sie nach Hause. Zusammen mit ihrem Mann guckte sie vorsichtig hinein und entdeckte die beiden anmutigen Geschöpfe. Da fielen sich die Eheleute vor Freude in die Arme. Ihnen, die keine eigenen Kinder haben konnten, waren nun ein Mädchen und ein Junge geschenkt worden. Catalina und Felipe nannten sie die beiden. Eine Nachbarin, die gerade ein Kind geboren hatte, nährte Catalina und Felipe zusammen mit ihrem eigenen Säugling. So gediehen die Zwillinge wunderbar und wurden von Tag zu Tag schöner. Sie waren das größte Glück ihrer Eltern, und alle sagten: „Es sind keine Kinder, es sind Juwelen."

Als der König aus dem Krieg zurückkehrte und von der Untat seiner Mutter erfuhr, ließ er sie in einen Kerker sperren. Nie mehr sollte sie die Sonne und den Mond sehen sowie das freundliche Rauschen des Flusses hören.

„Ich werde unsere Kinder suchen!" meinte der König entschlossen. „Irgendwo finde ich sie, und wenn Jahre darüber vergehen sollten."

„Nein", entgegnete Miramar, „deine Mutter hat unsere Kinder dem Fluß übergeben. Sie sind dem Lauf des Stromes gefolgt, und ihr Schicksal liegt sicher in seiner Hand. Verärgere unseren Freund nicht, denn er bringt uns das Wasser, das wir zum Leben brauchen! Lausche seinem sanften Rauschen und lebe im Einklang mit ihm, dann wird er seine Kräfte niemals gegen dich richten."

Die Hüterin des Feuers

Am Tag bevor es auf dem Felsen schneite lebten auf der Insel am Rande eines nahezu undurchdringlichen dunklen Waldes ein Köhler und seine Tochter. Sie waren die einzigen, die es wagten, das dornige Dickicht zu durchqueren und den schwarzen Urwald zu betreten. Man sagte, daß hier unheimliche Wesen hausten und alle, die in diesen Wald eindrängen, mit den bösen Mächten im Bunde stünden. So erzählte man sich auch, daß der Köhler, der tief im Waldesinnern seine Meiler mit Holz bestückte, einst einen Pakt mit den teuflischen Waldgeistern geschlossen habe und den Wald niemals mehr verlassen dürfe.

Vor langer Zeit war seine Frau am Wechselfieber gestorben. Von da an mußte der Mann allein für seine Tochter sorgen, die er abgöttisch liebte. Er liebte das lange feurigrote Haar des Mädchens, das so häufig im Wind flatterte. Er liebte seine Augen, die klar wie das Meer und hell wie die Sonne leuchteten. Lusia war das Feuer des Hauses, denn von ihr ging alle Wärme aus. Gern trafen sich ihre Freunde und Freundinnen abends bei ihr in der Hütte, und sie hatten stets viel Spaß miteinander. Dabei bemerkte niemand die rasende Eifersucht, mit der der Vater das fröhliche Treiben betrachtete, erkannte er doch immer deutlicher, daß er Lusia mit niemandem teilen konnte, und wenn sie eines Tages mit einem jungen Mann das Haus verließe, so wäre das sein sicherer Tod. Daher sagte er eines Tages zu ihr:

„Meine Tochter, du erinnerst mich so sehr an deine Mutter, daß ich dich heiraten möchte."

Lusia liebte den Vater sehr, doch bei diesen Worten lief sie weinend aus dem Zimmer, denn einerseits wollte sie ihn nicht enttäuschen, andererseits bereitete ihr diese Idee jedoch großes Unbehagen.

Früher hatte die Mutter ihr von den funkelnden Sternen, dem weißen, runden Mond und der feurig strahlenden Sonne erzählt. „Immer wenn du Sorgen hast, werden dir Sonne, Mond und Sterne helfen", war stets das Ende ihrer Geschichten gewesen. Sie fielen Lusia nun ein, und sie kehrte zu ihrem Vater zurück und sprach:

„Padre, du sagst immer, daß ich das Feuer deines Lebens bin und dir alle Wärme gebe; aber damit diese Flamme niemals erlischt, mußt du mir ein Kleid aus funkelnden Sternen, ein zweites hell wie der Mond und ein drittes strahlend wie die Sonne beschaffen. Denn Sonne, Mond und Sterne spenden der Erde ihr Feuer, so wie ich dein Feuer bin."

Damit hatte der Köhler nicht gerechnet. Niedergeschlagen und in Gedanken versunken ging er in den Wald zu seinem Meiler, den er noch heute bestücken wollte. Als er die ersten Holzscheite auf einen Stapel legte, stand im Halbdunkel der Pinien plötzlich ein unheimliches Wesen vor ihm.

„Ich werde dir die drei Kleider besorgen", sprach es, „aber dafür mußt du mir ewig hier im Walde dienen."

Der verzweifelte Mann wußte sich keinen anderen Rat und willigte ohne Zögern in den Handel ein. Bereits am nächsten Tag erschien

der geheimnisvolle Waldgeist an der Hütte und überreichte die drei außergewöhnlichen Kleider. „Denke an unsere Abmachung …“, waren seine Worte, bevor er lautlos wieder verschwand.

Nun mußte Lusia ihr Versprechen einlösen. Die Kirche lag auf der anderen Seite des Waldes, so daß ihr Weg direkt durch das Dikkicht führte. Als sie ein kleines Stück gegangen waren und die Bäume über ihnen bereits ein dunkles Dach bildeten, erschien der Geist von neuem und sprach:

„Köhler, denke an unsere Abmachung, von nun an wirst du für alle Ewigkeit mein Diener sein und diesen Wald niemals mehr verlassen. Du, Lusia, kannst beruhigt nach Hause gehen, und damit du weißt, daß ich ein ehrenwertes Wesen bin, schenke ich dir diese beiden Flaschen. Das Wasser der einen macht dich so schön wie einen Granatapfel, das Wasser der anderen verwandelt dein Gesicht in eine faltige, vertrocknete Feige.“

Nach dieser Prophezeiung überreichte er Lusia die beiden Gefäße und verschwand mit ihrem Vater im Dunkel des Waldes.

Zur gleichen Zeit beschloß der König des Inselreiches, ein großes Fest zu feiern, das drei Nächte dauern sollte. Hier wollte er seine zukünftige Braut wählen. Also lud er alle Mädchen des Landes ein, um sie beim Tanzen zu beobachten; denn das Feuer, das sich im Tanze zeigt, temperamentvoll elegante Bewegungen, eine stolze Haltung: das waren die Eigenschaften einer wahren Königin, und die galt es herauszufinden.

Nach einem ausgiebigen Mahl, bei dem nur die edelsten Speisen aufgetischt wurden und das sich über Stunden erstreckte, begann der Ball. Die Tafel wurde aufgehoben und ausreichend Platz zum Tanz geschaffen. Kaum hatte die Musik begonnen, wallte das heiße Blut in den Adern der Tänzerinnen und Tänzer, angeheizt durch den rhythmischen Klang der Kastagnetten. Mit zierlichen Schritten glitten die Mädchen über die Tanzfläche, Hände und Arme elegant über dem Kopf bewegend; laut und machtvoll traten die Jünglinge auf, während die Mädchen ihrem lautstarken Drängen mit grazilen und dennoch aufreizenden Gebärden entwichen – ein Spiel, das sich bis tief in das Morgengrauen fortsetzte.

Auch Lusia hatte von dem Fest des Königs gehört, und als sie die drei bezaubernden Kleider erblickte, brannte ihr Inneres vor Verlangen, so daß sie beschloß, den Ball zu besuchen. Geschwind wusch sie ihr Gesicht mit dem Zauberwasser aus der einen Flasche, und im gleichen Moment erblühte sie wie der schönste Granatapfel. Sie wählte das funkelnde Kleid der Sterne, das ihren Körper in kleinen Lichtblitzen erstrahlen ließ.

Als die Diener ihr den Festsaal öffneten und sie in ihrem glitzernden Gewand in der hohen Tür stand, stockte den Musikern der Atem. Die Tanzenden drehten erstaunt die Köpfe zum Eingang; keiner kannte dieses wundersame Mädchen mit dem schillernden Sternenkleid und dem wallenden, feurigroten Haar.

„Meine unbekannte Schöne, darf ich euch zum Tanz auffordern?" fragte der König, bezaubert von ihren azurblauen Augen und dem erfrischenden Antlitz. Den ganzen Abend tanzte der König mit der wunderbaren Unbekannten. Doch in dem Augenblick, in dem das Feuer des Tanzes erlosch, die Musik pausierte und die Gäste sich in kleinen Gruppen zusammenstellten, entwich Lusia so schnell wie ein winzig glimmender Funke erlischt.

„Diener und Dienerinnen", rief der König aufgeregt, „laßt sie nicht davonlaufen ..." Sie eilten der Fremden nach, doch Lusia blies ihnen blitzende Sternschnuppen entgegen, so daß die Verfolger ihre Hände schützend vor die Augen halten mußten. Im nächsten Augenblick war die Gesuchte spurlos verschwunden.

„Wir wollen das Fest beenden“, sagte der König enttäuscht, „morgen werden wir fortfahren.“

Die fröhliche Gesellschaft löste sich schnell auf. Lusia wußte, daß man ihr folgen würde und lief eilig zu ihrer Hütte am Waldrand, wusch sich mit dem Zauberwasser aus der anderen Flasche, und ihr Gesicht glich sogleich einer faltigen, vertrockneten Feige. Das Sternenkleid hatte sie ausgezogen und versteckt; danach ging sie zu Bett und träumte von den temperamentvollen Tänzen der Nacht.

Am folgenden Tag war die plötzlich verschwundene geheimnisvolle Unbekannte das einzige Gesprächsthema bei Hof. Alle wußten, aber keiner wollte es aussprechen oder eingestehen, daß sie die schönste und anmutigste Tänzerin der Nacht war.

Die zweite Ballnacht begann wiederum mit einem Festmahl, und während die geladenen Gäste all die Köstlichkeiten zu sich nahmen, verwandelte Lusia sich mit Hilfe des Zauberwassers in ein strahlend fröhliches Mädchen. Sie nahm das Kleid des Mondes, dessen nächtliches Licht sich im Weiß des feinen Gewebes widerspiegelte, und eilte umgeben von seinem Schein zum Schloß. Als Lusia den Festsaal betrat, ging ein leises Raunen durch die Reihen der Gäste. Wieder tanzte der König nur mit ihr und bewunderte ihr stolzes Temperament. In einem unachtsamen Augenblick, der König wandte sich für einen kurzen Moment einem anderen Gast zu, verschwand Lusia wie am Abend zuvor.

„Folgt ihr! Ich muß wissen, wohin sie läuft und kommt mir nicht ohne sie zurück“, befahl der junge König. Als Lusia bemerkte, daß ihre Verfolger sie einzuholen drohten, blies sie ihnen weißen Mondstaub entgegen, so daß ihnen die Augen zu tränen begannen. Auf dem schnellsten Weg lief sie zur Hütte, zog das Mondkleid aus und verwandelte ihr Gesicht wieder in das einer häßlichen alten Frau.

Die dritte Festnacht sollte die Nacht der Entscheidung werden.

Alle Inselbewohner versammelten sich vor dem Schloß, wollte man doch miterleben, wen der König erwählen und ob das zauberhafte Mädchen ein drittes Mal erscheinen würde.

Zu vorgerückter Stunde begann der Tanz, und wieder tanzte der König den ganzen Abend nur mit Lusia, die diesmal das Kleid der Sonne trug. Sie drehten sich wie strahlende Feuerbälle, und niemand wagte es, das unzertrennliche Paar zu stören. Und was jeder schon vorausgesehen hatte, geschah auch in dieser Nacht. Als die Musik für einen kurzen Augenblick verstummte, entwischte Lusia. Die Wachen sprangen ihr nach, doch sie blendete ihre Verfolger mit leuchtenden Sonnenstrahlen, die sie über die Schulter hinweg nach hinten losschickte.

Geschwind in ihrer Hütte angekommen, versteckte sie das Sonnenkleid und legte sich schlafen.

In dieser Nacht träumte der König von einem Land, weit entfernt von seinem Inselreich, in dem funkelnde Sternschnuppen die Richtung wiesen, die Häuser aus weißem Mondstaub bestanden und glitzernde Sonnenstrahlen den Himmel erleuchteten. Dies war das Reich der Hüterin des Feuers, des Lichtes und der Wärme, das Land des Mädchens mit dem roten Haar. Als er am nächsten Morgen erwachte, konnte ihn keine Macht der Welt daran hindern, die geheimnisvolle Schöne zu suchen. Jeden, den er auf seinem Weg traf, fragte er nach dem Mädchen mit dem feurigen Haar. Er gelangte in einen dunklen Wald, durch dessen dichtes Blattwerk kaum ein Sonnenstrahl drang. Mühsam kämpfte er sich durch das Gestrüpp, bis er auf einer Lichtung ein kleines, nur wenig glimmendes Feuer erblickte. Es war sehr kalt an diesem Tag, und der Schein des Feuers versprach, ein wenig Wärme zu spenden. Als er sich näherte, entdeckte er im Halbdunkel einen Mann, dessen Gesicht und Kleider von Kohle geschwärzt waren.

„Guten Tag“, sagte der König und blickte gebannt in die Augen des Mannes. „Sagt mir, teurer Mann, habt ihr vielleicht ein Mädchen mit feurigem Haar gesehen, dessen Wärme eines jeden Herz erglühen läßt?“ Dabei fröstelte den König trotz der Nähe des Feuers.

„Nein, Fremder, hier in diesen Wald verirrt sich nicht einmal der Schein der Sonne. Ich bin Köhler, und die Holzkohle, die aus meinem Meiler stammt, hält die Glut am Leben, doch das Feuer selbst habe ich schon lange nicht mehr gespürt. Glaubt mir, was ihr sucht, findet ihr nicht in der Ferne.“

Mit diesen Worten verschwand der Köhler im Dunkel des Waldes, und die Glut erlosch. Der König aber durchquerte noch am gleichen Abend das Waldstück. Es war keine gewöhnliche Nacht, denn, als er den Waldrand erreichte, erleuchteten herabfallende Sternschnuppen die Erde. Klar und rund stand der Mond am Himmel und strahlte auf das kleine Häuschen, in dem Lusia lebte.

Je näher er der Hütte kam, desto stärker fühlte er die wohlige Wärme, die er eine Nacht zuvor im Traum gespürt hatte. Ob dies das Haus der Hüterin des Feuers war? Zaghaft öffnete er die Tür, und im flackernden Schein einer Kerze sah er das Mädchen mit dem feurigroten, schulterlangen Haar und dem wunderschönen, erfrischenden Antlitz. Da wußte er, daß sie für ewig das Feuer seines Lebens sein würde.

Don Medico

Am Tag bevor es auf dem Felsen schneite lebte an der steilen Nordküste in dem Dörfchen Deya ein stolzer Senor, der ehrfürchtig Don Medico genannt wurde. Er war ein alter Mann, der Tag für Tag im Schatten eines Pinienbaumes auf seiner Terrasse saß und scheinbar teilnahmslos in die Weite des azurblauen Meeres starrte. Beobachtete man ihn jedoch genauer, so konnte man ein verstecktes Lächeln in seinen Mundwinkeln erkennen.

Vor vielen Jahren war Don Medico als Landarzt nach Deya gekommen und hatte mit seinen ungewöhnlichen Behandlungsmethoden auf der ganzen Insel großen Ruhm erlangt. Er stammte von der Südostküste, wo er mit seiner Frau ein ärmliches Leben geführt hatte. Als Fischer verdiente er kaum genug, um das Essen für den nächsten Tag zu kaufen. So ging es Jahr für Jahr, bis Paco, wie Don

Medico eigentlich hieß, eines Tages mit seinem Boot weit aufs Meer hinaussegelte und erst spät abends zurückkehrte.

„Wo warst du den ganzen Tag?“ fragte ihn seine Frau vorwurfsvoll?

„Ich war auf dem Meer, allein, und habe nachgedacht“, antwortete Paco. „Pack unsere Sachen zusammen, morgen verlassen wir das Dorf!“

Am nächsten Morgen ging er bereits sehr früh aus dem Haus und kam gegen Mittag mit einem festverschnürten Paket zurück.

„Was trägst du denn da unter dem Arm?“ fragte ihn seine Frau wiederum vorwurfsvoll.

„Hast du die Kleiderkiste gepackt?“ entgegnete Paco nur. „In einer Stunde verlassen wir endgültig das Dorf!“

So, wie er gesagt hatte, geschah es. Nach einer Stunde waren die wenigen Habseligkeiten auf den Eselskarren geladen, und die beiden zogen auf die gegenüberliegende Seite der Insel, zur Nordküste, wo sie niemand kannte. Erst als sie ein gutes Stück des Weges zurückgelegt hatten, begann Paco zu erklären:

„Weißt du, Carmen, ich bin es leid, jahrein, jahraus kaum das nötigste Brot im Haus zu haben. Im Nachbardorf ist ein Arzt gestorben, und heute morgen habe ich sein Gewand von der Familie erworben. Sie war froh, die Kleider für einen guten Preis verkaufen zu können. Du und ich, wir werden nun nach Deya ziehen, uns ein Häuschen kaufen, und ich werde dort als Hausarzt unseren Unterhalt verdienen. Kranke gibt es immer, und die zahlen viel und gern.“

Also zog Paco das Arztgewand über, und gegen Abend erreichten sie das kleine Bergdörfchen, dessen Häuser eng zusammengedrängt am Hang klebten. Da sie nicht wußten, wo sie die Nacht verbringen sollten, kehrten sie in einem Wirtshaus nahe der Straße ein. Als sie die Tür des Gastraumes öffneten, drehten sich die wenigen Gäste um und starrten Paco und Carmen verwundert an, denn Fremde waren in Deya selten und immer einen Plausch wert. Der Wirt mißtraute seit einiger Zeit fremden Gästen, hatte man doch einige Male versucht, ihn um seine Zeche zu prellen. So ging er geradewegs auf die Neuankömmlinge zu, musterte die beiden und fragte:

„Ihr möchtet hier übernachten, könnt ihr auch zahlen?"

„Mein lieber Herr, seht ihr nicht, daß ich Arzt bin?" entgegnete Paco.

„Verzeiht, Senor! Wenn ihr Arzt seid, so schickt euch der Himmel! Meine Tochter liegt seit über einem Jahr im Bett, und keiner konnte sagen, welche Krankheit sie heimgesucht hat. Vielleicht könnt ihr ihr helfen." Und damit hatte der Wirt Paco bereits am Arm gefaßt und ihn sanft in Richtung des Krankenzimmers gezogen.

„Hier liegt das arme Kind, seht wie blaß es ist!"

Der falsche Arzt fühlte den Puls des kleinen Mädchens und fragte, was ihm fehle. Es bekam, sobald es nur eine Kleinigkeit gegessen hatte, Krämpfe und litt ständig unter starken Bauchschmerzen. Paco überlegte sehr lange, den Kopf nachdenklich auf den Arm gestützt.

„Ja, deine Tochter hat Schmerzen. Sie können sowohl besser als auch schlimmer werden, aber ich werde dein Kind heilen."

Von seiner Großmutter kannte Paco das alte mallorquinische Sprichwort: „Legst du Vaumes-Kräuter auf, nimmt das Bauchweh seinen Lauf." Vaumes-Kräuter waren Pflanzen, die an jedem Wegrand wuchsen und aus denen man einen nach Zitrone schmeckenden Tee kochen konnte. Also zog Paco los und kehrte mit einem Strauß der wohlriechenden Pflanzen zurück, setzte einen großen Kessel Wasser auf den Herd und gab die Blätter des Heilkrautes hinein. Dann sagte er:

„Nun müßt ihr die Kräuter auspressen und eurer Tochter den Saft zu trinken geben. Die gekochten Blätter gebt ihr in ein Leinentuch und legt es dem Mädchen auf den Bauch."

Das Kind tat sich schwer, den Vaumes-Aufguß hinunterzuschlucken. Der Tee und die Kompresse wirkten hingegen im Nu. Die Kleine wurde totenbleich und begann, sich zu übergeben, so daß man glaubte, sie müsse sterben. Alle starrten entsetzt auf das arme, hilflose Mädchen oder grimmig auf den falschen Doktor, und Paco schaute sich ängstlich um, ob es eine Möglichkeit gebe zu entfliehen. Die Leiden des Mädchens wollten nicht enden; die ganze Nacht hindurch konnte man es weinen hören.

Am nächsten Morgen war das Kind plötzlich geheilt und sollte niemals mehr Bauchschmerzen haben. Erleichtert verlangte Paco für seine Behandlung keinen Lohn. Der Wirt und seine Frau umarmten ihn und sagten:

„Immer wenn ihr und eure Familie Hunger habt, seid ihr bei mir willkommene Gäste, es wird euch an nichts fehlen."

Schnell sprach sich die wundersame Heilung der Wirtstochter herum. In der Nähe des Dorfes lag eine große Finca, die einer alten mallorquinischen Familie gehörte. Ihre Besitzungen reichten, soweit das Auge sehen konnte. Die Donia des Landgutes aß leidenschaftlich gern gebratenen Fisch und ließ ihn sich jeden Mittag servieren. Eines Tages hatte sie zu viel und zu hastig gegessen, so daß ihr eine Gräte im Halse stecken blieb. Keinem gelang es, die Fischgräte zu entfernen, zumal die Donia eine sehr feine Frau war und sich genierte, den Mund weit zu öffnen. So schickte man nach Don Medico, dem Wunderheiler. Als er von der Not der Donia hörte, zögerte er nicht lange und eilte mit dem Abgesandten zur Finca. Paco wurde ins Krankenzimmer geführt, wo die Herrin röchelnd im Bett lag. Er warf nur einen kurzen Blick auf die Patientin, eilte geschäftig in die Küche und befahl dem Koch, einen großen, gußeisernen Topf auf den Herd zu stellen und mit Pinienharz zu füllen.

„Rühre das Harz so lange, bis es eine zähe, goldgelbe Flüssigkeit gibt, dann bringe es ins Zimmer der Donia!"

Niemand wußte, was Paco beabsichtigte, aber er war Don Medico, und wenn der nicht helfen konnte, wer sonst? Zwei Diener trugen den zischenden Topf, von dem ein übler Geruch ausging, in das Schlafgemach der Herrin und setzten ihn neben dem Krankenbett ab.

„Sehr verehrte Donia, es wird nun etwas schmerzen, dreht euch bitte auf den Bauch; sage ich 'arriba', müßt ihr die Zähne fest zusammenbeißen."

Don Medico breitete ein stabiles Leinentuch aus, gab das dampfende Pinienharz darauf und wickelte das Tuch zu einer Kompresse zusammen. „Arriba", rief er und legte den Umschlag mit dem heißen Harz auf der Donia edles Hinterteil.

„Aiiih", brüllte sie vor Schmerz aus dem tiefsten Innern ihres Körpers. Der Schrei war so kräftig, so durchdringend, daß die Fischgräte sich löste und aus dem Rachen der Herrin auf das Laken geschleudert wurde.

„Welch ungewöhnliche Behandlungsmethoden ihr besitzt! Sie sind schmerzhaft, aber äußerst erfolgreich. Don Medico, ich danke euch von ganzem Herzen", sagte die Donia. „Verlangt nun euren Lohn, ganz gleich, wie hoch die Summe ist."

Paco fühlte sich beschämt, denn wie konnte man das, was er für die Menschen tat, mit Geld belohnen?

„Gebt, was ihr wollt, doch bezahlt mich niemals mit Gold, denn was ich tat, tat ich allein um eures Wohles willen."

Die Donia überlegte lange. Dann entsann sie sich eines kleinen

Häuschens nahe des Dorfes mit einer großen Terrasse und einem Pinienbaum, der stets kühlen Schatten spendete.

„Ich besitze ein kleines Anwesen in der Nähe von Deya, in dem früher einer meiner Pächter lebte und das heute leer steht; nehmt dieses Haus als Dank für eure Dienste!“

Paco stimmte dem Angebot freudig zu und lebte von nun an mit seiner Frau in dem kleinen Haus am Dorfrand von Deya.

Paco verstand die Menschen, die mit ihren Sorgen zu ihm kamen, nahm sich Zeit für sie und hörte ihnen zu. Vielleicht war er nicht der beste Arzt, doch er sah, was viele nicht sehen, und hörte, was viele nicht hören. Niemals verlangte oder erhielt er Geld; trotzdem war er der reichste Mann im Dorf. Alle brachten ihm große Ehrfurcht entgegen und nannten ihn voller Hochachtung Don Medico.

Das weiße Gold der Erde

Am Tag bevor es auf dem Felsen schneite lebten auf der Finca, die man jetzt Son' Roig nennt, drei alleinstehende Schwestern. Son' Roig lag damals noch nicht in einer weiten, fruchtbaren Ebene, sondern war umgeben von dichtem, beinahe undurchdringlichem Wald. Margarita, Francina und Catalina waren die einzigen Bewohner dieses unheimlichen Urwaldes. Nicht viele Menschen wagten es, dieses dunkle Waldstück, in dem man unbekannte Stimmen aus den Baumwipfeln vernahm, zu durchqueren. Lediglich die Schweinehirten trieben von Zeit zu Zeit ihre Herden hierher, ließen sie nach Bucheckern und Eicheln suchen und warteten am Rand, bis die Tiere vollgefressen zurückkehrten. Einer dieser Hirten war der junge Lopez. Er kannte die besten Futterstellen, denn nur er wagte sich in das dichte Unterholz und führte seine Herde furchtlos bis tief in den Wald hinein.

Eines trüben Herbsttages gelangte er zu dem von Gestrüpp zugewucherten Haus der drei seltsamen Waldbewohnerinnen. Vorsichtig pirschte er sich, von Baum zu Baum schutzsuchend, an eines der kleinen mit Spinnweben verhangenen Fenster heran. Das waren also die drei Waldelfen, von denen man im Dorf erzählte, und es wurde ihm recht unheimlich bei diesem Gedanken. Er stellte sich auf die Zehenspitzen, wischte die klebrigen Spinnfäden zur Seite und schaute in das Innere der halbverfallenen Hütte, während sich der Himmel mit schwarzen Regenwolken bezog. Lopez preßte seine Nase gegen die Fensterscheibe, die von seinem aufgeregten Atem schnell beschlagen war. Eifrig wischte er die feinen Wassertröpfchen beiseite, und was er erkennen konnte, versetzte ihn in atemloses Erstaunen.

Margarita, die älteste der drei Frauen, stand am Herd. Sie rührte in einem großen, schwarzen Topf, in dem ein grüner Brei brodelte, der von Zeit zu Zeit überquoll und mit zischenden Dampfschwaden auf der Herdstelle verkochte. Francina und Catalina saßen am Tisch und wuschen Kräuterpflanzen, die Lopez schon oft im Wald gesehen, doch niemals aufgelesen oder gar gegessen hatte. Catalina überreichte Margarita das Grünzeug, das diese sofort in den großen Topf gab. Das Essen roch köstlich, so daß Lopez gern mitgegessen hätte. Allmählich beschlugen die Scheiben innen vom Kochdunst, und der Junge vermochte die Ereignisse in der Hütte nur noch sehr undeutlich zu verfolgen. Er hörte, wie Margarita sagte: „Nun laßt uns essen und den Zauber der Kräuter in uns aufnehmen!“ Hastig versuchte Lopez, die Scheibe zu säubern; eine winzige nicht beschlagene Stelle ließ ihn die unglaublichen Vorgänge erahnen. Die drei Schwestern setzten den Topf in die Mitte des Tisches und tunkten Weißbrotstücke in die grüne Sauce. Schnell hatten sie den Topf leergegessen. Da berührte Margarita ihr Glas, und im Nu war es mit

klarem Wasser gefüllt. Francina ergriff den Topf, um ihn zur Seite zu stellen, und augenblicklich füllte er sich mit goldenem Getreide. Catalina nahm das übriggebliebene Brot, und sogleich verwandelte es sich in schneeweißes Salz.

Alles, was die Waldelfen berührten, verwandelte der Zauber der Kräuter in Getreide, Wasser und Salz.

„Nun laßt uns Brot backen", sagte Margarita, die älteste. „Francina, komm, wir gehen in den Wald und sammeln Holz, während Catalina das Getreide mahlt."

Lopez starrte wie gebannt auf das mit Wasser gefüllte Glas, die Schüssel voller Getreide und das Salz, das noch immer aufgehäuft auf dem Tisch lag. Zu spät bemerkte er, daß Margarita und Francina die Hütte verließen und geradewegs auf ihn zugingen. Entkommen war unmöglich, und schon sah er sich, berührt von einer der Elfen, in Getreide, Wasser oder Salz verwandelt.

„Nein, verschont mich, ich habe nichts Böses getan, mir ist ein Ferkel entlaufen, und ich suche es hier im Wald", flehte Lopez und fiel vor den Frauen auf die Knie. Margarita lächelte und wußte, daß nun der Zeitpunkt gekommen war, ihre dunklen Pläne zu verwirklichen. Schon immer war sie eifersüchtig auf ihre jüngste Schwester, Catalina, gewesen, die es vermochte, das „weiße Gold" zu schaffen. Wasser gab es genug in den Bächen, Getreide bauten die Bauern auf dem Feld an, aber Salz, das war das weiße Gold der Erde. Margarita nahm Lopez zur Seite und sagte:

„Mein junger Freund, eine einzige Berührung von mir läßt dich zu Wasser werden, und die Erde wird dich gierig trinken. Möchtest du aber unbeschadet den Wald verlassen, so mußt du meine Schwester Catalina töten. Morgen, wenn du deine Schweine wieder hierher treibst, schicken wir Catalina in den Wald, um Kräuter zu sammeln. Du aber wirst im Unterholz auf sie lauern und ihr ein Messer geradewegs ins Herz stoßen. Zum Beweis füllst du einen Beutel mit ihrem Blut und bringst ihn uns. Denke daran, du tauschst ihr Blut gegen dein Leben."

Nachdenklich und bedrückt ging der Junge nach Hause. Am nächsten Tag führte er wie gewohnt seine Herde tief in den dunklen Wald. Die Schweine durchschnüffelten den lockeren Waldboden auf der Suche nach Eicheln und Bucheckern. Lopez hatte sich am Morgen ein Messer in die Jacke gesteckt und suchte nun nach einem geeigneten Versteck, um Catalina aufzulauern. Er war gerade in das dichte Gestrüpp eingetaucht, als die Waldelfe vorbeikam; wie immer trug sie ein Leinensäckchen, gefüllt mit Salz bei sich. Sie bemerkte die vielen Schweine, die eifrig das Laub durchwühlten, und streute ihnen freundlich den weißen Inhalt des Beutels vor die Schnauzen. Gierig leckten sie das salzige Pulver vom Erdboden. Da vergaß Lopez die Drohung Margaritas und sprang mit einem gewaltigen Satz aus seinem Unterschlupf hervor. Catalina war starr vor Schreck.

„Wer bist du? Bist du ein Dieb oder gar ein Mörder? Bitte töte mich nicht!" flehte das Mädchen den Jungen an, dessen Gesicht und Hände von den Dornen des Gestrüpps zerkratzt waren. „Du blutest, setz dich hin ; ich werde dir das Blut abwischen."

Erst jetzt bemerkte Lopez, daß er sich verletzt hatte, daß Arme, Hände und Gesicht mit Kratzern übersät waren. Er setzte sich auf den weichen Waldboden, und Catalina betupfte seine Wunden mit Kräutern und kühlte sie mit frischem Moos. Da begann Lopez zu weinen, schämte er sich doch, daß er dieses liebliche, hilfsbereite Geschöpf noch vor kurzem hatte töten wollen. Er konnte nicht länger schweigen und erzählte der jungen Elfe von seinem hinterhältigen Auftrag. Catalina dachte nicht lange nach, packte eines der Ferkel, das noch immer ahnungslos am Salz leckte, und sagte:

„Nimm das Ferkel, schlachte es und fülle sein Blut in diesen Beutel; heute abend bringst du ihn dann meinen Schwestern!“

So geschah es, und bei Anbruch der Nacht machte sich Lopez auf den Weg zu der Hütte und überreichte Margarita und Francina den Lederbeutel mit dem Schweineblut.

„Das hast du gut gemacht!“ triumphierten die beiden. „Wir schenken dir dein Leben, und niemals mehr wird der Name unserer Schwester genannt werden.“

Catalina konnte nun nicht mehr zu ihren Schwestern zurückkehren und streifte ziellos durch den finsteren Wald. Am nächsten Morgen erreichte sie den Waldrand, von dem man das nahegelegene Dorf sehen konnte. An dieser Stelle befand sich eine Höhle, die zwar nicht sehr groß war, doch tief ins Innere der Erde hineinreichte. Hier sollte Catalinas neues Zuhause sein.

Die Jahre vergingen; das Mädchen lebte von den Früchten und Kräutern des Waldes. Von Zeit zu Zeit erhielt sie Besuch von Lopez und versäumte es niemals, ihm einen Beutel voller Salz mit auf den Heimweg zu geben. Alle im Dorf beneideten ihn darum, denn das weiße Pulver war eine begehrte Kostbarkeit. Immer mehr verbreitete sich die Nachricht, daß Lopez eine geheimnisvolle Freundin besaß, die in einer Höhle tief in der Erde lebte.

Auch die beiden Schwestern, Margarita und Francina, hörten von der wundersamen Frau im Bauch der Erde. Seitdem sie ihre Schwester hatten töten wollen, fehlte allen Speisen das schmackhafte Salz, hatten sie doch nicht bedacht, daß sie von diesem Moment an auf das weiße Pulver würden verzichten müssen. So machten sie sich eines Tages auf den Weg zu dieser seltsamen Frau, die das wertvolle Kristall angeblich besaß. Sie durchquerten den einsamen, dunklen Wald und erreichten schließlich die Höhle, wo die Bäume immer lichter wurden und sich in einer weiten Ebene öffneten.

Das sanfte Streichen des Windes und das Plätschern des Wassers verrieten Catalina, daß ihre Schwestern nahten, und sie bereitete ihnen eine Mahlzeit – allerdings ohne Salz. Die beiden Schwestern erkannten Catalina nicht und waren sehr überrascht, daß die Frau sie erwartet hatte. Sie setzten sich zu Tisch in der Hoffnung, nach all den Jahren endlich ein gesalzenes, wohlschmeckendes Essen zu erhalten. Aber bereits nach dem ersten Bissen verging ihnen der Appetit, denn es schmeckte genauso fad wie ihre eigenen Gerichte während der ganzen Zeit. Nun war für Catalina der Augenblick gekommen, ihr Geheimnis preiszugeben.

„Erinnert ihr euch nicht an eure jüngere Schwester, die alles, was sie berührte, in Salz verwandelte, sobald sie von dem Kräuterbrei gekostet hatte? Habt ihr noch den herrlichen Geschmack gesalzenen Brotes auf der Zunge? Wolltet ihr eure Schwester, die euch diese Köstlichkeit brachte, nicht töten und ihr Blut in einem Beutel zu euch bringen lassen? Salz, das weiße Gold der Erde: nun wißt ihr, welch unermeßlichen Schatz ihr in Händen hieltet und verloren habt."

Mit diesen Worten stand Catalina auf, drehte sich um und ging ins Dunkel der Höhle. Niemand hat sie jemals wieder gesehen, doch das weiße Gold der Erde hat sie dort zurückgelassen.

Fata-Morgana

Am Tag bevor es auf dem Felsen schneite herrschte auf der Insel eine Königin gleich einer Göttin; sie kannte das Geheimnis der dunklen Tiefen des Meeres und der mächtigen Säulen, die die Erde vom Himmel trennten. Ihre Insel ruhte weder auf dem Land noch auf dem Wasser, sondern auf einem Platz dazwischen. So wie ihre Herrscherin wurde die Insel Fata-Morgana genannt. Viele Bewohner des Festlandes hatten Fata-Morgana gesehen, doch niemals betreten, denn Sterblichen war der Zutritt verwehrt. Einzig die Königin und ihr Sohn Beuteusel vermochten hier zu leben. Oftmals wanderte Beuteusel im Wind der Meeresklippen umher. Er fühlte sich allein und sehnte sich nach einem Wesen, das ihn in seiner Einsamkeit tröstete.

Nun gab es auf dem Festland nur ein einziges Mädchen, das die Fantasie besaß, in Fata-Morgana leben zu können. Man erzählte sich, daß sie kraftvoller als die Sonne, vollkommener als der Vollmond und temperamentvoller als der Blitz sei. Also faßte Beuteusel den Entschluß, sein Schiff zu besteigen und zum Festland zu segeln, um dort mit dem Vater des Mädchens zu sprechen.

Mit einem Schiff aus weißem Kristall segelte er westwärts in Richtung Festland. Die See war ruhig, und er erreichte schon bald sein Ziel. Er ankerte nahe der Küste und ging das letzte Stück des Weges zu Fuß. Als er das Haus, das wie eine hohe, leuchtende Säule direkt an den Meeresklippen lag, erreichte, hatte der Vater des jungen Mädchens ihn bereits in der Ferne erblickt. Von der Spitze des „leuchtenden Turmes“ rief er herab:

„Einen Moment, Senor, ich komme herunter, um euch zu öffnen!“

Der Vater stieg die vielen Stufen des Turmes hinab und öffnete dem Prinzen die Tür.

„Kommt herein und setzt euch, Senor. Was begehrt ihr von mir?“

„Sehr geehrter Herr, ich habe gehört, daß ihr eine Tochter habt, kraftvoller als die Sonne, vollkommener als der Vollmond und temperamentvoller als der Blitz.“

„Ja, das ist richtig, edler Herr, sie heißt Juana“, antwortete der Turmwärter.

„Ich möchte eure Tochter zur Frau, denn seht, meine Mutter, die Königin von Fata-Morgana, das ihr sicher schon einmal gesehen habt, verlangt eine schwere Prüfung, die nur ein Mädchen wie eure Tochter bestehen kann. Wenn ihr mir Juana zur Frau geben wollt, so signalisiert allen vorbeifahrenden Seeleuten, daß eure Tochter es vermag, mit ihrer Fantasie alle Türen zu öffnen und überall dort zu sein, wo sie sein möchte.“

Juanas Vater überlegte nicht lange, und als Beuteusel auf sein Schiff zurückgekehrt war, gab er allen vorbeiziehenden Seglern Lichtsignale, die von der unglaublichen Fantasie Juanas erzählten.

Von Zeit zu Zeit legten Handelsschiffe vor Morgana an; und so brachten sie auch die Nachricht über die besonderen Fähigkeiten des Mädchens.

„Bringt mir den Vater mit seiner Tochter Juana“, befahl die Königin eines Tages den Seeleuten, „und ihr werdet reichlich belohnt werden!“

Sofort stach das Schiff in See, um dem Befehl der mächtigen Herrscherin zu folgen.

Als Vater und Tochter vor der Königin standen, fragte diese ohne Umschweife:

„Sagt, Alter, ist das eure Tochter, von der man sich so viele Geschichten erzählt? Und du bist Juana, die es vermag, mit ihrer Fantasie an jeder Stelle der Welt zu sein? Glaubst du, auch in Fata-Morgana leben zu können?“

„Majestät, meine Gedanken sind wie die weißen Wolken am Himmel, jedermann sieht sie, doch ergreifen lassen sie sich nicht; und jedermann kennt euer Reich, doch keiner weiß genau, wo es sich befindet.“

Die Königin dachte lange über diese Worte nach und sagte schließlich:

„Wir werden dich einer Prüfung unterziehen! Geh zum Haus der Königinmutter und bringe mir das Geheimnis des ‘Guten Tages’ und das Geheimnis der ‘Freude’, damit jedermann gut davongeht und gut zurückkehrt.“

Juana machte sich sofort auf den Weg. Als sie die Insel verlassen hatte, schien die Sonne plötzlich kräftiger denn je und wies dem Mädchen mit ihren langen, goldenen Strahlen die Richtung. Juana durchquerte ein weites Feld, auf dem weder Baum noch Strauch wuchsen. Die Sonne brannte ihr Gesicht tiefbraun, so daß es sie schmerzte. Aber Juana gab nicht auf, und schon bald brach die Dämmerung an, und als es Nacht wurde, erreichte sie eine Höhle, in der ein merkwürdiger alter Mann lebte. Furchtlos fragte Juana den weißhaarigen, kleinen Alten, was er hier tue.

„Junges Mädchen", antwortete der Greis traurig, „Nacht für Nacht kehre ich mit einem Reisigbesen das Dunkel der Nacht zusammen, damit der neue Tag beginnen kann, doch Tag für Tag kommt die Finsternis von neuem."

„Weißt du was, Großväterchen", meinte Juana, „ich binde mir auch einen Reisigbesen und helfe dir heute Nacht, dann bist du morgen nicht so müde."

Sie sammelte die Zweige eines jungen Pinienbaumes, nahm einen etwas festeren und wand die weichen und biegsamen darum herum. Dann kehrten Juana und der Alte das Dunkel beiseite, und der neue Tag brach an.

„Du hast mir einen großen Dienst erwiesen!" sagte der merkwürdige Greis und legte sich zu Bett. Wieder zeigte die Sonne dem Mädchen den Weg, bis es endlich zu einem Schloß mit sieben Toren gelangte, die von einer alten Frau bewacht wurden.

„Ich komme im Auftrag der Königin Fata-Morgana und möchte mit der Königinmutter sprechen", sagte Juana.

„Das Recht, mit der Königin zu sprechen, gebührt nur dem, der es vermag, die Tore des Schlosses zu öffnen", entgegnete die Alte mit einem solch furchterregenden Blick, daß Juana in Ohnmacht fiel. Sie begann zu träumen, und in ihrem Traum schwebte sie leicht wie eine Wolke über die Tore hinweg zur alten Königin.

„Guten Tag, meine Kleine, wer bist du? Wie sanft du in mein Zimmer trittst", sagte die ehrwürdige Majestät zu dem Mädchen.

„Mein Name ist Juana, und meine Träume trugen mich zu dir", entgegnete das Mädchen fröhlich.

„Noch niemals hat einer meiner Untertanen seine Königin so vorsichtig behandelt", und sie begann zu erzählen: „Eines Tages ging ich im Garten spazieren, doch plötzlich bemerkte ich unter meinem Fuß ein Rosenblatt und brach mir unverhofft den Fuß. Daraufhin bereitete mir die Dienstmagd das Bett, aber sie klemmte, ohne daß sie es bemerkte, ein Haar zwischen den Matratzen ein. Kaum lag ich also im Bett, da verspürte ich auch schon einen großen Schmerz. Das Haar hatte mir eine Rippe gebrochen. Jede kleinste Kleinigkeit bereitet mir Schmerzen. Gestern abend flog sieben Stunden von hier eine Fliege vorbei. Durch den Wind der Flügelschwingen bekam ich Schnupfen. Du aber, mein Kind, hast mein Schloß betreten, ohne deiner Königin zu schaden, und so möchte ich dir das Geheimnis des 'Guten Tages' und das Geheimnis der 'Freude' erzählen, damit du stets gut davongehst und gut zurückkehrst. Höre genau zu, Juana: Der gute Tag beginnt mit deinem Lächeln, und empfängst du das Lachen der anderen, so birgt dies die größte Freude der Welt." Vom vielen Erzählen müde geworden, schlief die Königinmutter ein …

Juana wurde geschüttelt, und als sie die Augen öffnete, blickte sie der Türwärterin direkt in das grimmige Gesicht. Da erinnerte sie sich der Worte der greisen Königin und lächelte die böse wirkende Alte freundlich an. Und so geschah es, daß das faltige Gesicht der grauhaarigen Frau von einem Lächeln erfüllt wurde, und sie sprach:

„Nun geh schnell heim, Kleine, es ist schon spät, und gleich bricht die Dunkelheit herein."

Juana erhob sich vom Boden, klopfte den Staub aus den Kleidern und ging den Weg zurück, den sie gekommen war. Wieder erreichte sie die Stelle, wo der alte Mann mit seinem Reisigbesen das Dunkel zusammenfegte. Juana nahm den Besen, den sie gebunden hatte, und half dem Greis noch einmal bei der Arbeit. Als das Schwarz auf einem großen Haufen lag, brach der neue Tag an, und Juana setzte zufrieden, immer den Sonnenstrahlen folgend, ihren Weg nach Fata-Morgana fort.

Jeden Abend erklomm Beuteusel den höchsten Punkt der Insel und hielt Ausschau nach Juana, seinem geliebten Traum. Lange wartete er vergebens, doch in der Nacht, als der Mond seine vollkommene Schönheit entfaltete, kehrte Juana nach Fata-Morgana zurück. Mit freundlichem Lächeln trat sie vor die Königin und ihren Sohn und sagte:

„Guten Tag, meine Königin. Beuteusel, wie geht es dir?"

Noch heute erklingt fröhliches Lachen auf der Insel. Seeleute, die an Fata-Morgana vorbeigesegelt sind, haben es von weitem gehört.

Xeloc – die geheimnisvolle Alte

Am Tag bevor es auf dem Felsen schneite wurden die Inseln durch wenige Familien beherrscht. Sie lebten abgeschieden von den übrigen Dorfbewohnern in ihren festungsähnlichen Fincas inmitten großzügiger Plantagen. Von außen sah man diesen Gütern nicht an, welche Schätze sie im Innern verbargen – eine Eigenart, die herrschaftlichen Anwesen der Inseln bis heute anhaftet. Das Meeresklima wusch die Farbe der Mauern ab, die grünen Fensterläden blieben geschlossen, so daß die Häuser meist unbewohnt wirkten. Da nur wenigen gestattet wurde, den Innenhof oder gar die Finca zu betreten, wußten die Campesinos* wenig von diesen alleinstehenden Landsitzen und ihren Bewohnern zu berichten.

In einem kleinen Dorf unweit eines solchen prachtvollen Landsitzes lebte eine geheimnisvolle Alte, die man Xeloc nannte. Alle, die Xeloc in früheren Jahren gekannt hatten, waren bereits gestorben, so daß niemand so recht wußte, wer diese steinalte Frau eigentlich war. Xelocs Tür stand Tag und Nacht offen; Xeloc wollte es so. Am Abend nach der Feldarbeit trafen sich die Dorfbewohner vor ihrer Hütte und lauschten den Geschichten, die sie mit lebhafter Gestik und glänzenden Augen erzählte. Oftmals verstand man ihre Worte nicht, denn sie lutschte ständig an ihrem kleinen Finger, auch während sie sprach. Fehlende Wörter ersetzte sie auf diese Weise durch merkwürdige Schnalzlaute, was ihren Erzählungen den Reiz des Geheimnisvollen gab.

Nur ein einziges Mal handelte eine Geschichte von Xeloc selbst, und die lautete etwa so:

Die Falten meines Gesichts sind wie die Hügel und Täler unserer Insel, und mein Alter gibt mir Ruhe und Kraft, um den Stürmen des Lebens zu widerstehen; doch die Gram darüber, daß meinem Geliebten einst das Herz fehlte, hat mir den Rücken gekrümmt.

So, wie ihr mich seht, lebe ich schon viele Jahrzehnte in dieser Hütte. Einst begab es sich, daß der Don alle schönen Mädchen der Insel in seine Finca bestellte, um unter ihnen seine Donia zu wählen. Nun seht, meine Freunde, liebt ihr nicht eure schöne Insel und erfreut euch der Täler und Berge? Und schaut meinen Finger, wie weich, weiß und zart er ist; ist er nicht der Beweis meiner Jugend? Und genießt ihr es nicht, des Abends nach der Arbeit meinen Geschichten zu lauschen?

So ging ich ins Schloß, es liegt ja nicht weit von hier, und sagte:

„Don, in meinem Haus am Rande des Dorfes lebt ein junges Mädchen, das schönste und liebreizendste Wesen der Insel. Doch verläßt sie niemals das Haus; wollt ihr um sie freien, so müßt ihr Gast in meiner Hütte sein."

Am nächsten Tag begab sich der Don zu meinem Haus. Wie es die Sitte verlangt, wartete er vor der Tür, um Einlaß zu erbeten. Vorsichtig streckte ich meinen zarten kleinen Finger durch den Türspalt und sagte:

„Schaut, Herr, der Finger, den ihr seht, ist der Beweis meiner Jugend, und mein Antlitz ist so schön wie die Täler und Berge unserer Insel."

Als der Don den Finger sah, rief er entzückt:

„Welch einen weißen, samtweichen Finger du hast; und dein Antlitz ist so schön wie meine herrlichen Täler und Berge!"

Unserem Don bereitete diese Vorstellung solche Freude, daß er meinte:

„Du bist die Richtige, in acht Tagen werden wir heiraten!"

Alles wurde für unsere Hochzeit vorbereitet. In den verbleibenden acht Tagen nähte ich mir mein Brautkleid. Vom Kopf bis zu den Füßen war ich in ein langes, weißes Gewand gehüllt, ein dichter Schleier verdeckte mein Gesicht, und lange, weiße Handschuhe umschlossen meine Hände – bis auf den kleinen Finger. Am Tage der Vermählung sandte der Don mir eine Kutsche, die mich zur Finca brachte. Die geladenen Gäste starrten auf mich, die weiße Braut, und als sie meinen samtweichen kleinen Finger erblickten, sagten sie: „Wie schön sie ist, wie zart sie ist, kein einziger Sonnenstrahl hat ihre weiße Haut gebräunt."

Der Don erwartete mich in dem prachtvollen Innenhof der Finca, in dessen Mitte eine große Palme Schatten spendete. Wir schritten durch die jubelnden Menschen zum Altar und wurden dort getraut. Am Abend, als das Fest zu Ende war und die Gäste abgereist, saßen mein Mann und ich noch allein am Kaminfeuer.

„Nimm doch bitte den Schleier ab!“ bat er mich. „Ich möchte dein Antlitz sehen, das so schön ist wie die Täler und Berge unserer Insel.“

Wir hatten Vertrauen zueinander gefaßt, unsere Herzen waren sich nahegekommen; also hob ich langsam den Schleier. Als der Don aber mein Gesicht mit seinen Tälern und Bergen erblickte, erstarrte er, und für einen Moment hörte sein Herz auf zu schlagen. Er vertraute seinen Augen mehr als seinem verstummten Herzen und warf mich mit einem Wutschrei aus dem Fenster. Mit Beulen und Kratzern landete ich in den Sträuchern und verlor das Bewußtsein. Als ich nach vielen Stunden wieder erwachte, vermochte ich mich vor Gram nicht mehr aufzurichten, doch von ferne hörte ich eine leise Stimme:

„Wir wollen den Zauberfaden spinnen,
ewige Jugend sei in dir drinnen,
und wie im Märchen wird es wahr:
du bist achtzehn Sommer und ein Jahr.“

Und genauso seht ihr mich noch heute. Der Don ist schon lange tot; sein Herz hat in dem Moment aufgehört zu schlagen, als er dessen Stimme nicht mehr wahrnahm.

Der Zauber der Zypressen

Am Tag bevor es auf dem Felsen schneite gab es in den Bergen eine Höhle, die tief in das Innere der Erde hinabreichte. Man nannte sie die Räuberhöhle, denn die Leute der Bergdörfer wußten, daß sich dort manch gefährliches Gesindel versteckte.

Einst lebte in einem der Bergdörfer ein kleiner Junge mit seinen Eltern. Er war kaum fünf Jahre alt, als die Räuberbande sein Dorf plünderte, alle Bewohner umbrachte und ihn allein in den Bergen zurückließ. Lange stand Agraciado hilflos neben den leblosen Körpern seiner Eltern. Er verstand nicht, warum Vater und Mutter nicht aufstanden und mit ihm sprachen. Er berührte sie zaghaft, streichelte ihre Wangen, doch ihre Gesichter blieben starr. Der Vater blutete aus der Nase, und Agraciado fragte: „Papa, tut das weh? Mama, schau, Papa …“

Noch viele Tage blieb Agraciado an diesem grausigen Ort, in der Hoffnung, daß Vater und Mutter wieder mit ihm lachen und spielen würden. Nur langsam begriff er, was Tod bedeutet, und daß seine Eltern ihn niemals wieder in die Arme nehmen würden.

Der Hunger trieb Agraciado in die Berge. Er kannte die Plätze, wo er mit der Mutter die köstlichen Beeren gepflückt hatte, wo die Feigenbäume standen und der Johannisbrotbaum wuchs. Sein Vater hatte ihn gelehrt, die Stimmen der Tiere nachzuahmen und deren Rufe zu verstehen.

Die Jahre vergingen. Agraciado lebte bei den Tieren in den Bergen. Er hatte sich schnell mit ihnen angefreundet, und sie zeigten ihm die Geheimnisse der Natur, die er allein nie hätte ergründen können. Sie erklärten ihm, wo die Flüsse und Bäche entspringen, wann die Sonne kommt und geht, welche Himmelsbahn der Mond nimmt. Sie erzählten vom Leben und vom Tod, vom Kommen und Gehen, vom immer wiederkehrenden Rhythmus der Dinge.

Manchmal fühlte sich Agraciado sehr einsam und vermißte seine Eltern und Freunde. Die Tiere spürten dann, wie traurig er war, und eines Tages erzählten sie ihm von einem Mädchen mit goldenen Haaren, das von drei Riesen in einer Höhle gefangen gehalten werde. Agraciado lauschte gespannt, als der alte, schwergewichtige Bär seine Geschichte begann:

„Vor vielen Jahren tötete eine Räuberbande in einem Bergdorf die Eltern eines kleinen Mädchens, dessen goldenes Haar wie die Sonnenstrahlen an einem Frühlingstag glänzte. Niemand weiß, ob etwa Riesen die Kleine entführt haben und ob sie überhaupt noch lebt …“

Der Bär wollte mit seiner Geschichte fortfahren, als Agraciado aufsprang, ihn fest umarmte und rief:

„Mein Freund! Das, was du gerade erzählt hast, ist überaus wich-

tig für mich, denn von jetzt an werde ich niemals mehr einsam sein. Dem Mädchen mit dem goldenen Haar ist dasselbe geschehen wie mir vor vielen Jahren auch. Ich muß sie finden!"

Beim ersten Sonnenstrahl am nächsten Morgen packte Agraciado seine wenigen Sachen zusammen und machte sich auf die Suche nach seiner Leidensgenossin. Der Weg führte ihn zu einem Fluß, der, wie immer in den Sommermonaten, bis auf ein kleines Rinnsal und einige wenige Tümpel ausgetrocknet war. In einer dieser Wasserlachen nahe am Ufer sah er einen kleinen, goldenglitzernden Fisch, der in der flachen Pfütze langsam zu vertrocknen drohte. Agraciado beugte sich zu dem winzigen Fisch hinunter, nahm ihn behutsam mit beiden Händen und setzte ihn in das Rinnsal in der Mitte des Bachbettes. Das Fischlein zappelte vergnügt, schwamm einmal hin und einmal her, streckte den Kopf aus dem Wasser und sprach in der stummen Sprache der Fische:

„Agraciado, von diesem Tag an werde ich für dich da sein, wann immer du mich brauchst."

Zufrieden und glücklich setzte Agraciado seinen Weg fort, der ihn gewiß zum Versteck des Mädchens mit dem goldenen Haar bringen würde. Unterwegs traf er auf einen alten knorrigen Olivenbaum, in dem eine Nachtigall ihr Nest gebaut hatte. Drei kleine Vögel zwitscherten ängstlich. Eine Schlange hatte sich eng um den Baum geschlungen und schob ihren Körper in langsamen Windungen den Stamm empor, auf die hilflosen Jungen zu. Agraciado faßte sich ein Herz, packte die Schlange mit festem Griff direkt hinter dem Kopf und schleuderte sie in hohem Bogen der Sonne entgegen, so daß sie im Nu vertrocknete. Die Mutter der Jungen zwitscherte dankbar und sang in den schönsten Tönen:

„Agraciado, von diesem Tag an werde ich für dich da sein, wann immer du mich brauchst."

Und wieder ging Agraciado zufrieden weiter. Er fragte jeden, der seinen Weg kreuzte, ob er wisse, wo drei Riesen ein Mädchen mit goldenem Haar gefangen hielten. Keiner konnte ihm jedoch die Frage beantworten, und so irrte er lange in den Bergen umher, bis er eines Tages einer Schildkröte begegnete, die auf einem Felsvorsprung lag und, ihren Kopf aus dem schützenden Panzer gestreckt, mit geschlossenen Augen die wärmenden Sonnenstrahlen genoß.

„Hmm", räusperte sich Agraciado vorsichtig, denn er wußte, daß Schildkröten sehr schreckhaft sind. Sie können sich blitzartig in ihr gepanzertes Haus zurückziehen, um es lange Zeit nicht mehr zu verlassen. Die Schildkröte öffnete zaghaft erst das eine Auge, sah den im Vergleich zu ihr riesigen Jungen, öffnete dann das zweite, um zu überprüfen, ob es wahr sei, was sie sah, und als sich ihr Eindruck bestätigte, wollte sie sich doch lieber in ihr schützendes Haus zurückziehen. Agraciado aber sagte schnell:

„Halt, kleine Schildkröte, hab keine Angst! Ich möchte nur eine Auskunft von dir. Weißt du, wo hier in den Bergen drei Riesen leben, die ein junges Mädchen mit goldenem Haar gefangen halten?"

„Mein lieber Junge", antwortete die Schildkröte, nachdem sie lange überlegt hatte, „viele Leute haben mich in meinem Leben schon danach gefragt, aber keiner ist zurückgekehrt. Wenn du jedoch den festen Willen hast, zu diesem Ort zu gehen, dann wende dich der aufgehenden Sonne entgegen, bis du zu drei riesigen Zypressenbäumen kommst. Doch sei vorsichtig, in ihnen liegt ein furchtbarer Zauber verborgen."

Agraciado fürchtete, das Leben zu verlieren wie einst seine Eltern; doch der Wunsch, das Mädchen, das sein Schicksal teilte, zu befreien war größer. Und so schritt er mutig der aufgehenden Sonne entgegen.

Nach vielen Stunden zeichneten sich fern im Abendlicht drei große Zypressen silhouettenhaft ab. Ihre Baumwipfel bewegten sich im Wind, als steckten sie die Köpfe beratend zusammen. Agraciado bezwang seine Angst und ging weiter. Das Licht wurde immer spärlicher, und der Wind strich pfeifend durch die bedrohlich schwarzen Kronen der immer mächtiger werdenden Bäume. War da nicht ein Gesicht? Agraciado schien es, als würden die Bäume ihn ansehen, als säßen geheimnisvolle Wesen in ihnen, die ihn beobachteten. Zwischen den riesigen Stämmen erspähte er plötzlich ein schwarzes Loch, in dem tief unten ein heller Lichtschein kurz aufleuchtete.

„Hola, hola, ist da jemand?“ rief Agraciado in die Höhle hinein und hörte sein Echo immer leiser werdend unzählige Male aus dem Innern der Erde. „Hola, hola, Blondschopf!“ Und siehe, da stand das Mädchen mit dem goldenen Haar im Halbdunkel vor ihm. Unwiderstehlich angezogen vom Schein der Haare ging der Junge willenlos langsam auf die Höhle zu.

„Halt, junger Mann!“ warnte das Mädchen. „Komm nicht näher! Jeder, der unter den drei Baumriesen hindurchgeht, zerfällt zu Staub, bleibe sofort stehen. Alle, die es je versuchten, wurden zu Staub, und der Wind trug sie davon. Und auch ich würde dieses Schicksal erleiden, wenn ich die Höhle verließe. Nur das Wasser der Quelle aller Quellen kann diesen bösen Zauber von mir waschen.“

„Die Quelle aller Quellen?“ fragte Agraciado. „Kannst du mir sagen, wo ich sie finde?“

„Ich weiß nicht, wo sie liegt; ich weiß nur, daß sie die größte Quelle der Erde ist und daß sie nie versiegt“, antwortete das Mädchen traurig.

„Sei unbesorgt, ich werde sie schon ausfindig machen“, meinte Agraciado zuversichtlich und machte sich mutig auf die Suche. Er ging über Felder und Berge und erreichte schließlich einen Fluß, an dessen Ufer er sich niedersetzte, um seine Füße im klaren Wasser zu kühlen.

„Die Quelle aller Quellen ...", grübelte Agraciado. „Ich kenne viele Flüsse und Bäche und weiß, wo sie entspringen, aber die Quelle aller Quellen ..." Er war ratlos. Da zappelte auf einmal ein kleiner, goldenglitzernder Fisch zwischen seinen Zehen, streckte den Kopf aus dem Wasser und sagte:

„Hola, Agraciado, kennst du mich noch? Ich bin der Fisch, den du aus der Pfütze gerettet hast."

„Ja, natürlich, du bist es", freute sich Agraciado und erzählte seinem kleinen Freund, in welch hilfloser Lage er sich nun befand.

„Die Quelle aller Quellen suchst du, Agraciado?" lachte der Fisch. „Das ist ganz einfach, es ist die Tauquelle. Jeden Morgen entspringt sie von neuem, bewässert alle Pflanzen der Erde und versiegt niemals."

„Natürlich, das ist es! Es ist der Tau, der das Mädchen erretten wird", jubelte Agraciado. „Ich danke dir von ganzem Herzen."

Daraufhin legte er sich schlafen. Am nächsten Morgen erhob er sich mit den ersten Sonnenstrahlen und sah die Tauperlen wie glitzernde Kugeln leuchten. Geschickt sammelte er sie von den Blättern, und hatte schon bald genügend Tauwasser, um zur Höhle der Baumriesen zurückzukehren.

Das Mädchen erwartete ihn bereits und sprang vor Freude in die Luft, als es Agraciado erblickte. Vorsichtig schob er dem Mädchen die Schüssel entgegen, ohne dabei unter die Zypressen zu treten. Mit dem Wasser des Taues wusch sie den bösen Zauber von sich ab, und ihr Haar begann stärker zu glänzen als je zuvor. Ängstlich und zögernd entfernte sie sich von der Höhle und stand nach wenigen Schritten unter den Zypressen. Die Baumriesen bogen sich mit knarrenden Ästen und drohten zu bersten. Unheimliche Wesen schienen die beiden aus den Bäumen zu beobachten. Äste und Zweige wurden auf das Mädchen geworfen, um es zurückzuhalten. Da kam plötzlich die Nachtigall mit ihren drei Jungen angeflogen, und ließ sich furchtlos in den Zypressen nieder. Als sie ihren bezaubernden Gesang anstimmte, wurden die drei Baumriesen ganz still und versanken in einen tiefen, friedlichen Schlaf.

Agraciado und das Mädchen aber verließen diesen Ort und lebten bis zu ihrem Tod glücklich in den Bergen, zusammen mit ihren Freunden, den Tieren.

Solltet ihr einmal zu der Stelle kommen, wo die Baumriesen noch heute stehen, so seid ganz still und lauscht dem Gesang der Nachtigallen, die euch die Geschichte von Agraciado und dem goldhaarigen Mädchen erzählen.

Die Legende der vergrabenen Schlangen

Am Tag bevor es auf dem Felsen schneite sah man die Schlangen von Mallorca nur selten. Die Erde kochte und spie ihr glühendes Inneres aus kreisrunden Erdlöchern. Schwarze Rauchwolken verdunkelten den blauen Himmel und nahmen den Sonnenstrahlen ihre Kraft. Zischend vereinigte sich der zähe, feurigrote Lavastrom mit den Wassern des Meeres und erstarrte zu bizarren Steinfiguren. Zu jener Zeit hatten sich die Schlangen in Felsspalten zurückgezogen, um ihr Leben, das sieben Jahre währen sollte, zu schützen. Als die mächtigen Erdgewalten sich beruhigten, die Sonne mit ihrer durchdringenden Wärme wieder Kraft spendete, verließen sie ihre feuchten Behausungen. Jedes Jahr im Mai streiften sie ihre alte schuppige Haut ab und kehrten danach in ihr schattiges Versteck zwischen den Felsen zurück.

Im siebten Jahr verließen die Schlangen endgültig ihren Unterschlupf und gruben sich tief in die Erde ein. Nach weiteren sieben Jahren wuchsen an diesen Stellen Palmen. Nochmals mußten sieben Jahre vergehen, bis die gefiederten Palmwedel den Himmel erreichten.

Was wäre Mallorca heute ohne die Palmen, die Bäume des Lebens? Ihr sattes Grün erfreut das Auge; sie spenden Schatten und geben den Vögeln ein Zuhause. Auf ihnen wachsen die köstlichsten Früchte, und ihr Holz wird für den Bau von Häusern und mächtigen Schiffen verwendet. Wie ein Dach schützen die Palmwedel vor Regen und Kälte. So wichtig ist die Palme für die Mallorquiner, daß sie ihre Hauptstadt *Palma* – Siegespalme – nannten.

Der Ursprung von alledem aber ist die Schlange, die Mutter der Erde und die Schöpferin der Palmen Mallorcas.

Nachwort:
Bevor es auf dem Felsen schneite

Am Tag bevor es auf dem Felsen schneite strandeten, getrieben vom Tramontana-Wind, nach vielen Tagen angstvoller Seefahrt einige Menschen auf den unbewohnten Inseln. In einfachen Holz- oder Fellbooten landeten sie in einer der vielen unberührten Buchten. Sie waren dem Wild gefolgt, das auf der Suche nach Nahrung hier saftige Weiden und ein angenehm mildes Klima gefunden hatte. Schnell fühlten sich die Ankömmlinge heimisch auf der reichen und großen Insel, wo zahlreiche Höhlen Schutz vor Kälte, Feuchtigkeit, Wind und den Angriffen wilder Tiere boten. Weitere Menschen folgten den ersten Siedlern. Schon bald boten die Höhlen in den Steilküsten nicht mehr genügend Raum für die vielen Familien, die eng miteinander verbunden in ihrem Paradies lebten. Man grub neue *Covas,* Höhlen, und schuf unterirdische Häuser. Wilde Früchte, Ziegen, Schafe, Schweine, Hunde und Kühe sowie Wasser, Milch, Käse und Butter waren reichlich vorhanden. In der Hitze des Sommers liefen die Menschen nackt umher, im Winter kleideten sie sich in Schafpelze. Ihr Clan war das Zentrum des Lebens. Versuchten Eindringlinge, die Inseln zu erobern, so kämpften ihre Bewohner mit Steinschleudern und hielten schützend einen mit Ziegenfell bespannten Schild in der Hand. Im ganzen mittleren Meer waren sie gefürchtete Gegner, und man nannte sie achtungsvoll die *Baliarides,* die Steinschleuderer.

Die Baliarides besaßen ihre eigenen Bräuche. Sie salbten ihre Körper mit einer Creme aus Mastixöl, Terebinthe und Schweinefett. Bei einer Hochzeitsfeier mußte sich die Braut jedem Gast hingeben, was als Zeichen der Ehrerbietung der Frau gegenüber galt. Man handelte auch mit Frauen; so war der Gegenwert für eine Frau beispielsweise vier Männer. Ihren Toten zerschlugen die Inselbewohner die Glieder, verbrannten sie anschließend und bestatteten die Asche in einer Urne.

Viele sahen in den Baliarides ein wildes und rohes Volk, vor allem weil sie den Verstorbenen – und manchmal auch den Lebenden – den Kopf öffneten. Durch Bohren, Sägen und Meißeln trennten sie kreisrunde Knochenscheiben aus den Schädeln. Bei den Toten hatte dies religiöse, bei den Lebenden wohl auch medizinische Gründe und konnte in einigen Fällen von Kopfschmerz, Krampfzuständen und Geisteskrankheiten heilen.

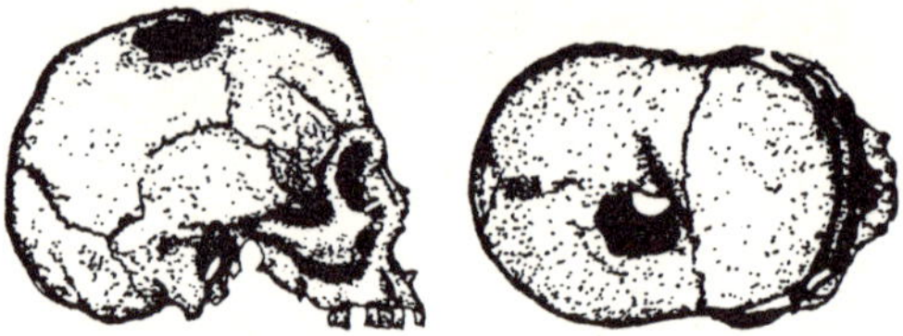

Die große Liebe der Inselbewohner galt dem Meer. Ihre Wohnhöhlen suchten sie in den Steilküsten des Meeres, und ihre Steinhäuser im Landesinnern formten sie wie Langboote. Ihre Siedlungen umgaben sie mit schützenden Mauern, und im Zentrum errichteten sie einen hohen Wachturm. Aus mächtigen Felsblöcken bauten sie gewaltige Monumente, die an kieloben liegende Schiffe erinnern. Dies waren die Häuser des Todes, von wo die Verstorbenen die letzte große Reise antraten. Durch ein schmales Türloch betraten die Trauernden gebückt das steinerne Gefährt, mit dem die toten Häuptlinge ins Reich der Götter eingehen sollten.

Den Göttern errichteten sie gigantische Türme mit einer Art Tischplatte darauf. Am Fuße einer solchen Weltensäule, dem Thron der allmächtigen Gewalt, legten sie ihre Opfergaben nieder.
So lebten die Baliarides glücklich auf ihren Inseln im Einklang mit den Naturgewalten, bis eines Tages der große Schnee ihre Häuser bedeckte.

Ich träumte von einem Land,
wo die Steine mir stumm
ihre Geschichten erzählen;
wo das Rauschen des Meeres den Anfang
der unendlichen Weite bedeutet.

Ich träumte von einem Land,
wo die Sonne die Welt
mit leuchtenden Farben bemalt;
wo im Lachen der Menschen
das Licht der Erde erwacht.

Die Nacht, sie sagte:
Ich schenke dir diesen Traum.

Erläuterungen

Finca: Als Finca bezeichnet man ein Gehöft, das meist allein, umgeben von Oliven- oder Mandelplantagen im Landesinnern der Insel liegt.

Felanitx: Eine zur Araberzeit (707-1229) sehr bedeutende Stadt Mallorcas.

Campesinos: Campesino ist die Bezeichnung für die mallorquinischen Landarbeiter.

Macchia: Weite Gebiete der Insel sind mit Macchia überzogen, einem immergrünen, dornigen Buschwerk.

Major-rica: Der Konsul und Prokonsul Quintus Cäcilius Metellus gab im Jahre 115 v. Chr. den Inseln ihren Namen. Die Hauptinsel nannte er Balearis Major (major = größer) oder auch Majorica.

Sonne und Mond: In den romanischen (südeuropäischen) Sprachen ist die (heiße) Sonne männlich und der (sanfte) Mond weiblich.